FACULTÉ DE DROIT DE PARIS

THÈSE

POUR

LE DOCTORAT

PAR

Albert CHAUFTON

PARIS

IMPRIMERIE DE VICTOR GOUPY

5, RUE GARANCIÈRE

1873

THÈSE

POUR LE DOCTORAT

DROIT ROMAIN

DE NOMINIS PIGNORE

DROIT FRANÇAIS

DU NANTISSEMENT DES CRÉANCES

EN DROIT CIVIL ET EN DROIT COMMERCIAL

L'acte public sur les matières ci-après sera présenté et soutenu le mercredi 21 mai 1873, à trois heures.

PAR

Albert CHAUFTON

Avocat à la Cour d'appel de Paris.

Président : M. J.-E. LABBÉ, Professeur.

Suffragants : | MM. VALETTE, | *Professeurs.*
| RATAUD, |
| COLMET DE SANTERRE, |
| GARSONNET, | *Agrégé.*

PARIS

IMPRIMERIE VICTOR GOUPY, RUE GARANCIÈRE, 5.

1873

A MA GRAND'MÈRE

DROIT ROMAIN

DE NOMINIS PIGNORE

INTRODUCTION

1. Nous trouvons dans le Droit romain trois manières de constituer une sûreté réelle : la mancipation avec contrat de fiducie, le contrat de pignus, et le pacte d'hypothèque. Ces trois formes représentent les phases successives de l'histoire des sûretés réelles à Rome. Les Romains, comme on le sait, s'appliquèrent fort tard au développement théorique et pratique de ce genre de sûretés ; on peut même dire, sans être taxé d'injustice à leur égard, qu'ils n'ont pas su organiser d'une façon complète au point de vue pratique ce que nous appelons de nos jours le crédit réel. D'où vient l'infériorité relative du Droit romain en cette matière? Suivant l'opinion d'un auteur qui a écrit récemment sur la théorie des hypothèques un ouvrage fort estimé (1), il faudrait en chercher la raison

(1) H. Dernburg, *Pfandrecht*, Leipsig, 1860, § 1.

dans le caractère particulier de l'organisation sociale à Rome, caractère qui favoriserait la pratique des sûretés personnelles et qui en explique le rapide et précoce développement. Les sûretés personnelles reposent en effet sur une idée de fraternité ; elles offrent une garantie morale en même temps qu'une garantie pécuniaire, et supposent un état social où existent des liens étroits et multipliés de famille, de clientèle et de caste. Or dans la cité romaine les parents, les patrons, les amis politiques étaient des garants toujours prêts pour l'honnête homme qui avait besoin de leur concours. Aussi de très-bonne heure, comme le témoigne Gaïus dans ses commentaires (C. III, § 119 et suiv.), le législateur intervient-il pour réglementer cette matière si intéressante des sûretés personnelles, tandis que vers la fin de la République seulement apparaissent les premières institutions du droit hypothécaire. Or c'est précisément l'époque où les liens étroits qui unissaient les citoyens sont déjà bien relâchés, et où l'égoïsme privé, l'individualisme, commence à devenir la base de l'état social. Cette explication historique, quelle qu'en puisse être la valeur, soulève une grave objection. Les Germains aussi, plus encore que les Romains peut-être, ont pratiqué dans leurs relations sociales les principes de la fraternité ; or ils ont préféré les sûretés réelles aux sûretés personnelles.

2. Un fait reste cependant incontestable, c'est que les Romains se sont attachés avec une prédilection marquée au système des sûretés personnelles. Nous en voyons une preuve bien frappante dans ce qui se passait en matière de satisdations prétoriennes. « *Pretoriæ satisdationes,*

dit Ulpien (L. 7, *De stip. præt.*), *personas desiderant pro se intervenientium : et neque pignoribus quis, neque pecuniæ, vel auri vel argenti depositione in vicem satisdationis fungitur.* » Autre texte de Labéon (L. 14, *quib. mod. pig.*) dans le même sens. La tendance de nos sociétés modernes est au contraire de donner au système des sûretés réelles un développement prépondérant. On a essayé d'expliquer cette préférence des Romains pour le crédit personnel par cette idée qu'à leurs yeux l'engagement personnel, sous la forme solennelle de la stipulation, était le *negotium juris* par excellence, l'acte qui avait le plus de valeur au point de vue juridique et moral.

3. Il n'entre pas dans notre plan d'approfondir ce sujet ; nous en avons dit quelques mots simplement pour rappeler que le système des sûretés réelles était dans la législation romaine un fruit tardif, mûri lentement sous l'action des nécessités pratiques.

4. Si d'un autre côté on étudie l'histoire de la cession de créances à Rome, on trouve le même développement lent d'une institution étroite et imparfaite à son origine. Pour les premiers jurisconsultes romains, le caractère essentiel des droits de créance, c'est d'exister uniquement par la relation réciproque qu'ont entre elles des personnes déterminées ; si cette relation disparaît, les droits eux-mêmes s'éteignent. Si l'on ajoute que le droit de créance consiste en un droit sur les actions d'autrui, et que ces actions ne peuvent être l'objet d'une contrainte immédiate, on arrive à cette conclusion qu'il n'y a lieu pour une créance ni à la revendication, ni à la possession pro-

prement dite, ni aux différentes aliénations dont la propriété est susceptible. Les décisions du Droit romain où éclatent ces différences entre la propriété et les créances ne sont pas des créations artificielles du Droit positif, mais des conséquences dérivant de la nature des choses ainsi comprises. Les Romains, en se refusant à admettre la cessibilité des créances (2), firent preuve d'une conception, sinon inexacte dans sa logique rigoureuse, du moins étroite et gênante dans ses résultats. Ici comme ailleurs, ils se rendirent très-vite aux exigences de la pratique. Le commerce des créances dut exister et exista d'assez bonne heure à Rome.

5. Une créance est une valeur qui a pour élément constituant le patrimoine du débiteur, c'est une sorte d'assi-

(2) Nous trouvons dans les textes la trace de l'idée primitive romaine qu'exprime énergiquement la maxime : « *Obligatio personam non egreditur.* » Voici ce que dit Gaïus (C. II, § 38) : « *Obligationes quoquo modo contractæ nihil eorum recipiunt. Nam quod mihi ab aliquo debetur, id si velim tibi deberi, nullo eorum modo, quibus res corporales ad alium transferuntur, id efficere possum.* » Aucune des formes d'aliénation qui servent à transférer le *dominium* ne peut s'appliquer aux obligations ; elles ne peuvent être l'objet ni d'une tradition, ni d'une mancipation, ni d'un legs *per vindicationem*. Parmi ces formes, il y en avait une qui s'appliquait aux choses incorporelles, l'*in jure cessio*. « *In jure cedi res etiam incorporales possunt*, dit Ulpien, Fr. XIX, § 11, *velut usufructus et hæreditas, et tutela legitima libertæ.* » Pourtant elle ne pouvait être employée pour les créances. La raison n'en est pas dans ce fait que l'*in jure cessio* n'étant qu'une revendication fictive ne pouvait s'appliquer à des créances ; elle est dans ce principe que les obligations ne peuvent pas être directement aliénées. L'*in jure cessio* consistait en une déclaration solennelle de propriété émanée du juge. Si celui qui devait en profiter ne pouvait acquérir, il n'y avait rien de fait, la propriété restait où elle était auparavant, ou bien le droit auquel l'une des parties avait renoncé était anéanti. Gaïus applique la première de ces solutions à l'usufruit (Comm. II, § 30); la seconde aux créances faisant partie d'une hérédité cédée in jure (C. II, § 35) : « *Post obligationem si cesserit..., debita pereunt, eoque modo debitores hæreditarii lucrum faciunt.* »

gnat sur ce patrimoine. Sans doute elle a pour objet un acte quelconque du débiteur qui s'est engagé *ad aliquid dandum vel prœstandum vel faciendum*, mais le véritable objet de la créance, il est évident que ce n'est pas l'obligation seulement, c'est l'exécution de l'obligation. Or l'*obligatio* exécutée produira une *res* ; non exécutée, elle se traduira encore en une *res* sous le nom de dommages-intérêts, après estimation judiciaire. Il n'est donc pas rationnel de faire une distinction si profonde entre les créances et les choses ; puisqu'en définitive dans les créances, ce sont encore les choses qui sont en jeu ; il n'est pas rationnel de frapper les créances en général d'incessibilité, puisque l'analyse, non pas de leur constitution juridique, mais de leurs effets pratiques, nous démontre qu'elles sont des valeurs comme les choses.

6. Les Romains furent frappés de ces idées, et voici en quelques mots par quels remarquables développements de leur conception primitive ils arrivèrent à consacrer le principe de la cessibilité des créances.

Gaïus (C. ii, § 38) nous indique d'abord un premier moyen qui fut employé pour tenir lieu de la cession de créance. « *Nam quod mihi ab aliquo debetur, id si velim tibi deberi ...., opus est ut, jubente me, tu ab eo stipuleris : quæ res efficit, ut a me liberetur, et incipiat tibi teneri; quæ dicitur novatio obligationis.* » Ce moyen était très-imparfait, car l'opération dépendait de la volonté du débiteur.

Alors apparaît l'idée de la *procuratio in rem suam* qui a joué un si grand rôle en Droit romain. Celui qui veut vendre sa créance à un tiers lui confère le mandat de poursuivre son débiteur en le dispensant de rendre compte. (L. 13 § 1, *De pact.* L. 4, C. *Si cert. pet.* L. 4, C. *De proc.*). Le *procurator in rem suam* devient *dominus litis* par l'effet novatif de la *litis contestatio*; et la *res debita* passe *in causam judicati*. Ici encore il y a une novation; mais elle a un double avantage sur la délégation dont parle Gaïus : 1° elle se produit sans l'assentiment du débiteur; 2° elle laisse subsister les garanties accessoires de la créance novée.

Ce mode de transport des créances présentait encore bien des inconvénients; en effet tant qu'il n'y avait pas *litis contestatio*, la mort du mandant ou celle du mandataire pouvait rendre nulle l'opération (L. 3, *C. De proc.* Gaïus, C. III § 160); en outre le mandant pouvait poursuivre lui-même son débiteur, et anéantir ainsi le droit du cessionnaire mandataire. Il fallait remédier à ces deux dangers. On y parvint, d'un côté, au moyen des actions utiles, qui complétèrent la *procuratio in rem suam*, ou la remplacèrent, quand elle n'avait pu avoir lieu, et qui ne s'éteignirent pas à la mort des parties (L. 1, C. *de O. et A.*); de l'autre côté, en avançant les effets de la *litis contestatio*, en mettant sur la même ligne, comme opérant cession de créance, la *litis contestatio*, la *denuntiatio*, et le payement partiel par le débiteur au cessionnaire. (L. 3, C. *de nov.*)

7. Rien de plus intéressant à suivre que cette organisation progressive d'une institution aussi nécessaire que la cession des créances. Non pas qu'il y ait là un phénomène juridique sans pareil; mais nous y trouvons un exemple frappant de la manière dont le Droit se développe

sous la double action de la pratique et de la science. Car si le Droit est appelé à régler les faits humains, on peut dire que ce sont ces faits eux-mêmes qui lui donnent naissance, en ce sens que le Droit se dégage de l'ensemble de ces faits observés, analysés, ramenés à leurs formes essentielles par le jurisconsulte. Aussi dans toute législation, à un moment quelconque de son histoire, voit-on à côté des anciennes institutions, cadre désormais trop étroit pour les besoins croissants de la pratique, le germe des institutions nouvelles se dégager peu à peu du milieu où s'agitent les intérêts humains, et grandir sous l'action régulatrice de la science. Les Romains ne faisaient pas de théories : lorsqu'ils réalisaient les améliorations dont leur droit était susceptible, ils restaient dans un cercle d'applications purement pratiques. Le vieux droit civil restait comme un dépôt inviolable dans le sanctuaire du passé ; mais le préteur savait en sortir pour rendre des oracles d'équité ; il oubliait les anciens textes au profit des intérêts nouveaux.

8. Dans la matière qui nous occupe, le point de départ des Romains, c'est l'incessibilité des créances ; leur point d'arrivée, c'est non-seulement la cession, mais (et ici nous entrons dans le sujet que nous avons à traiter spécialement), c'est encore l'impignoration des créances. Le chemin parcouru est considérable ; il semble même qu'un abîme ait été franchi, car si nous nous en tenons aux notions généralement répandues sur le pignus, ne devons-nous pas voir dans le pignus nominis l'exemple au moins étrange d'un droit réel constitué sur un droit personnel ? Et alors comment concevoir que les Romains

aient pu consacrer un pareil résultat? Mais examinons d'un peu près la notion romaine du *pignus* dans sa forme définitive. Peut-être arriverons-nous à saisir et à démontrer que les Romains, en instituant le *pignus nominis*, ne se sont pas écartés un seul instant, non pas de la logique scientifique, qui, d'une notion fermement conçue et défi-nie, tire un certain nombre de déductions absolument correctes et étroitement enchaînées, mais de la logique pratique, qui, étant donné un moyen de faire valoir les droits, une voie d'action, sait l'appliquer par des assi-milations successives, aux combinaisons variées que pré-sentent les rapports juridiques des hommes entre eux. Tel est le but que nous nous proposons d'atteindre dans l'étude que nous abordons immédiatement.

SECTION I

DES TROIS PRINCIPAUX RAPPORTS DE DROIT QUI CONSTITUENT LE SYSTÈME DES SURETÉS RÉELLES

8 Nous laissons de côté la *fiducia*, cette vieille forme de l'impignoration qui compromettait d'une façon si dangereuse la propriété du débiteur, et qui, du reste, ne se prêta pas sans se transformer elle-même aux extensions ultérieures du système des sûretés réelles (3). En dehors de la *fiducia*, nous trouvons dans ce système trois rapports de droit que nous allons rapidement analyser, tout en montrant comment le *pignus* et le *nomen* ont pu combiner leurs éléments en apparence incompatibles, pour former l'institution juridique que nous avons à étudier.

Ces trois rapports de droit sont :

1° Le contrat réel de *pignus*, qui donne naissance aux actions personnelles *pigneratitiæ directa* et *contraria;* c'est le contrat par lequel un débiteur donne à son créancier, en garantie de sa créance, une chose que celui-ci s'engage à lui restituer après extinction de cette créance ;

2° Le pacte d'hypothèque, fondement de l'action hypothécaire ;

---

(3) V. sur ce sujet Paul Sent. L. II, T. XIII, et le très-intéressant chapitre XIX de Bachofen (*das Rœmische Pfandrecht*, Bâle, 1847).

3° Le pacte *de vendendo* qui autorise le créancier en cas de non payement à l'échéance à vendre la chose engagée et à se payer sur le prix.

I

Du contrat réel de pignus. — Comment il s'applique au nomen.

9 Définissons d'abord avec précision le mot *pignus* qui prête à l'équivoque. Le mot pignus désigne :

1° Au point de vue subjectif, le droit de gage ou le droit à la chose engagée, qui se divise en deux espèces : le droit de gage dans le sens étroit et l'hypothèque ;

2° Au point de vue objectif et dans le sens large, la chose engagée ou le gage, et dans le sens étroit, la chose engagée dont le créancier est en possession (*pignus appellatum a pugno, quia res, quæ pignori dantur, manu traduntur* (L. 238, § 2, *de V. S. D.*, en allemand *Faustpfand*), par opposition au mot *hypotheca*, qui, objectivement, désigne la chose engagée dont le créancier n'est pas en possession (*Inst. de action.*, L. 4, § 7 ; L. 9, § 2 D. *De pigner. act.*) Du reste, dans nombre de textes, les deux expressions *pignus* et *hypotheca* sont employés comme synonymes. (L. 7, § 2, de pactis ; L. 5, § *ult.* D. *De pig. et hypoth.* L. 37, *De acq. vel amitt. poss.*, etc.)

3° Enfin il désigne le contrat même par lequel une chose est donnée en gage au créancier, le *contractus pigneratitius*, auquel on oppose le pacte d'hypothèque, c'est-à-dire le contrat par lequel une chose est engagée à un créancier sans qu'on lui en donne tout de suite la possession.

10. Deux éléments constituent le contrat réel de *pignus* : la *conventio*, le *consensus in idem placitum*, puis la tradition. Un seul suffit pour constituer le pacte d'hypothèque : la *conventio*. S'il y a simple tradition sans *conventio*, il n'y a ni contrat de *pignus*, ni hypothèque. Écoutons Ulpien (L. 1, pr. et § 1, *De pig. act.*) : « *Pignus contrahitur non solâ traditione, sed etiam nudâ conventione, etsi non traditum est. Si igitur contractum sit pignus nudâ conventione, videamus an si quis aurum ostenderit, quasi pignori daturus, et æs dederit, obligaverit aurum pignori? Et consequens est ut aurum obligetur, non autem est : quia in hoc non consenserint.* » Ainsi, dans l'espèce analysée par Ulpien, l'or n'est point l'objet d'un contrat réel de gage, car c'est le cuivre qui a été livré, mais il est l'objet d'une hypothèque ou d'un pignus dans le sens étroit du mot, *« quia in hoc consenserint. »*

11. Un des principaux effets du contrat de pignus, c'est de donner naissance à deux actions : les actions *pigneratitiæ directa et contraria*, qui sanctionnent les obligations imposées aux parties. Les obligations du créancier qui reçoit le *pignus* peuvent se ranger sous deux chefs :

1° Il doit restituer après l'extinction de la dette la *res pignerata* avec les *accessiones*, c'est-à-dire tout ce qu'il a acquis *occasione pignoris*. (4, I., *quib. mod. re contr.*; L. 40, § 2, *De pign. act.*)

2° Il est responsable de sa faute et de son manque de *diligentia*. (L. 13, § 1 et L. 14, *Commod.*) Ce sont les deux chefs de condamnation de l'action *pigneratitia directa*. Si le défendeur refuse de s'exécuter, ou si la chose est tout à fait détériorée ou détruite par sa faute, le demandeur pourra demander le *quanti interest*.

Les obligations qui incombent au débiteur constituant se rapprochent, les unes, des obligations du commodant et du déposant, ce sont celles relatives : 1° à la réparation des dommages causés par la *res pignerata* (L. 15, *De pig. act.*); 2° au remboursement des frais occasionnés par cette *res* (L. 8, *De pig. act.*); les autres, des obligations du vendeur; celles-là tiennent plus particulièrement au caractère spécial du *pignus;* elles sont relatives à la responsabilité encourue par le constituant, s'il a donné en gage une *res aliena*, ou une *res* surchargée d'hypothèques (L. 9 ; L. 11, § 1 ; L. 32, *De pig. act.*), ou, s'il s'agit d'un *pignus* dans le sens étroit du mot, au maintien du débiteur en possession de la *res* jusqu'au payement (L. 3, *De pig. act.*). L'objet de l'action *pigneratitia contraria*, c'est le *quanti interest* dans toute son étendue : « *ut indemnem me præstet* », dit la loi 31, *De pign. act.*

12. Nous avons montré plus haut que l'élément intentionnel, la *conventio*, jouait le rôle principal dans la formation du contrat de *pignus;* la tradition n'en était qu'un élément secondaire qui tendit de plus en plus à perdre de son importance. En recherchant à quels faits les jurisconsultes romains ont successivement rattaché la naissance des actions *pigneratitiæ*, nous allons rendre

ce phénomène bien manifeste. D'abord ces actions ne furent données que s'il y avait *pignus* dans le sens étroit avec tradition de la *res*. Aussi les jurisconsultes rapprochent-ils le *pignus* des contrats de dépôt et de commodat, où « *obligatio re contrahitur* ». Puis les actions *pigneratitiæ* furent accordées dans le cas où il n'y avait qu'un *pignus* dans le sens large, c'est-à-dire un pacte d'hypothèque. Ce progrès fut très-vraisemblablement facilité par la signification équivoque du mot *pignus*.

Il y avait sans doute dans la *demonstratio* des actions *pigneratitiæ* les mots « *pignori dare* » et la jurisprudence les interpréta dans le sens « d'hypothéquer » aussi bien que dans celui de « donner en gage ». Comment mettre ce résultat d'accord avec les expressions de Justinien : « *obligatio re contrahitur* » (*Just.*, l. III, t. 14, § 4)? Justinien n'aurait-il voulu faire à l'endroit précité qu'une classification dont la valeur est toute théorique? Quoi qu'il en soit, il émet un principe dont les jurisconsultes semblent n'avoir pas fait grand cas dans les décisions suivantes :

L. 11, § 5, *De pign. act. Ulpien :* Le locataire a une action pigneratitia pour se faire restituer ses meubles par le locateur, à qui ces meubles sont tacitement hypothéqués.

L. 7, *De dist. pign. Marcien :* Le débiteur qui a constitué une hypothèque a une action pigneratitia pour se faire restituer le *superfluum*, lorsque le créancier hypothécaire a fait *distractio*, et s'est payé sur le prix.

L. 36, § 1, *De pign. act. Ulpien :* Dans les cas indiqués par le texte, le créancier hypothécaire a une action *pigneratitia contraria* contre le constituant.

13. Concluons de ces décisions que les actions *pigneratitiæ* finirent par être considérées comme le complément indispensable du *pignus* (4) : car cette loi 11, § 5, *De pig. act.*, citée plus haut, nous prouve qu'elles étaient données même en cas d'hypothèque légale. Pour qu'elles existent, dit Dernburg (*l. c.*), il suffit qu'une des parties ait donné la chose en gage, et que l'autre l'ait reçue à ce titre ; il n'est pas nécessaire qu'un *pignus* existe objectivement dans la réalité des faits. Nous voyons en effet dans les lois 9 pr., 32 ; 11, § 2 (*De pign. act.*), que les actions prennent naissance sans qu'il y ait un *pignus* valable. Au contraire, un *pignus* ne serait pas complet sans elles ; elles interviennent dans l'institution comme deux forces régulatrices nécessaires et lui donnent toute son efficacité.

Donc, au moment où les Romains introduisirent dans leur législation le *pignus nominis*, ils en étaient arrivés à ne pas concevoir un *pignus* sans actions *pigneratitiæ*, qu'il y eût, ou non, tradition de la *res pignerata*. Il est évident que le *pignus* ainsi compris devait s'appliquer sans difficulté au *nomen*.

14. Mais nous irons plus loin. Nous croyons que les Romains étaient peu à peu arrivés à l'idée d'une quasi-tradition des créances. En quoi consiste cette quasi-tradition? Il ne saurait être ici question d'une translation

_____

(4) *Sic Dernburg* (op. cit. ch. XVI). — Brinz, Pand. I, p. 314, n° 345. — Parmi les anciens auteurs, Bartole, *ad L.* XVII, § 3, *D. de Leg.* III (Ed. 1555 I, fol. 101). — Neguzantius, p. VII, m. 4, n. 3.

matérielle de possession, car une créance ne peut être possédée, et la translation du titre, objet matériel susceptible de possession, a bien pu être considérée comme une preuve du transport du droit, mais jamais comme une tradition (L. 2, C., *Quæ res. pign.*). Les Romains n'ont pas eu la moindre idée de nos titres au porteur, de ces créances matérialisées, régies par les mêmes principes que les objets corporels mobiliers, et qui sont le dernier mot du droit moderne relativement à l'assimilation des créances et des choses. « *Incorporales res traditionem non recipere manifestum est* (Gaïus, C. II, § 28) ». Tel est le principe. Mais la jurisprudence trouva des équivalents à la tradition pour les choses qui ne comportaient pas cette manière d'acquérir. Déjà, du temps de Trajan, Javolenus, parlant d'un droit de servitude, s'exprime ainsi : « *Ego puto [usum ejus juris pro traditione possessionis occipiendum esse* ». (L. 20, *De serv.*) Pour les créances, quel est l'équivalent de la tradition ? C'est la *procuratio in rem suam* que le cédant confère au cessionnaire, et qui donne à ce dernier le pouvoir de faire valoir la créance cédée. Le *nudus titulus*, la *nuda causa*, comme nous dirions en matière de tradition, ne suffit point pour transférer la créance ; il faut le *mandatum agendi*. « *Sine mandato exigi pecunia alieno nomine non potest.* » (L. 5, § 4, *Præsc. verb.*) (5).

---

(5) Cette idée n'est pas nouvelle ; nous la trouvons exprimée dans la glose *ad L. ult. C. Quando fiscus vel privat.* « *Et est similitudo inter emptionem rei corporalis et nominis dationem. Nam per solam venditionem non transfertur dominium rei venditæ, nisi sequatur traditio. Sic non transfertur actio directa per dationem in solutum nisi ea cedatur.* Sic Bartolus (*ad L. ult. de don.*; — *ad Dig. nov. Bas.*, 1562). —

15. Nous trouvons très-nettement exprimée dans les textes cette distinction du *titulus* ou de la *causa*, et du *mandatum agendi*, du fait juridique donnant droit au transport de la créance, que ce soit une donation, une vente, ou un legs, et du transport même de ce droit. La loi, 9, C. *De procur.*, parle de « *honesta et verecunda precedente causa mandatas actiones* ». La loi 3, C. *De nov.*, dit : « *Si solutionis causa mandaveris actiones* ». La loi 2, C. *De don.* : « *Titulo donationis transtulit.* » La loi 33, C. *eod. T.* : « *Donationis titulo, venditionis titulo cessas actiones* ». Dans les lois 23, C. *Mand.*, et 11, C. *De don.*, nous trouverions les mêmes expressions. Ne nous est-il pas permis d'en conclure que le *mandatum agendi* joue ici le même rôle que la tradition lorsqu'il s'agit de choses corporelles? En matière de tradition, il faut se reporter au *titulus* pour savoir quel *negotium juris* est intervenu, s'il y a eu translation de propriété, de possession ou de simple détention; de même ici pour le *mandatum agendi* on ne peut savoir quelle est la nature de la transmission des droits qu'en remontant à la *causa.*

Baldus (*ad Cod., Aug. Taur.*, 1576; *ad L. I, C., de O. et A.*) — Bachovius (*Tr. de Actionib.*, disp. IV; n° 3) est plus explicite encore : « *His casibus non secus re in rebus corporalibus sequebatur traditio. Ita v. g. venditor.... solebat ei tenebatur cedere actiones emptori...., atque ita quasi tradendo procuratorem in rem suam alterum constituere.* » — Alph. de Olea (*de Cess. jur.*, T. I, Qu. I, n° 104), définit la cession : « *Quasi traditio et juris et actionis ex aliquo titulo in aliam facta transfatio.* » Doneau combat énergiquement cette théorie. Voici ce qu'il dit: (*Comm. juris civil.*, L. XV, c. XLIV, § 14) : *Nec mirum si hic non requiratur traditio. Frustra enim requiritur, quæ in his per rerum naturam nulla est. Sed nec quidquam traditioni simile in his potest intervenire, quale potest in aliis rebus incorporalibus, puta usufructu.* » Nous opposons à cette affirmation de Doneau les fragments que nous citons au texte.

Ce que dit Paul (L. 31, pr. *De acq. rer. dom.*), à propos de la tradition, s'appliquerait, suivant nous, aussi justement, *mutatis mutandis*, au *mandatum agendi :* « *Nunquam nuda-traditio transfert dominium, sed ita si venditio, aut aliqua justa causa præcesserit, propter quam traditio sequeretur* ». Non-seulement il faut une *causa* qui serve de base juridique au *mandatum agendi*, mais encore il faut qu'elle soit juste. Une *injusta causa*, par ex. sous Justinien la donation non insinuée d'une créance de plus de 500 solides, enlèverait au *mandatum agendi* toute efficacité pour produire la cession.

Si cette manière de voir est vraie, si les Romains ont eu en effet l'idée d'une quasi-tradition, ou plutôt d'une appropriation spéciale aux créances, ils ont dû tout naturellement arriver à appliquer au nomen le contrat réel de gage ; nous sommes ainsi amenés par une autre voie à la même conclusion que plus haut (6).

II

Du pacte d'hypothèque. Comment il s'applique au nomen.

16. Le pacte d'hypothèque, qu'on appelle aussi pignus, comme nous l'avons dit plus haut (en allemand

(6) Plusieurs des auteurs qui ont traité ce sujet sont contraires à cette conclusion : entre autres Gaupp (*De pignoris nomine*), Huschke (*De pignoris nomine*), Gesterding (*Pfandrecht*), Sintenis (*Pfandrecht*). Ils n'en donnent qu'une seule raison ainsi exprimée par Sintenis : « *Das Faustpfand ist hier ausgeschlossen, weil ein quasi-Besitz nicht zu denken ist ;* » ils affirment qu'il n'y a pas de quasi-possession possible. Nous avons essayé de démontrer le contraire à l'aide des textes.

l'*fandübereinkunft*), n'a besoin comme tout pacte, pour
être conclu, que d'un simple concours de volontés exprès
ou tacite ; il est compris dans tout contrat réel de gage.
(L. 1, § 3 ; § 4, *De pactis ;* L. 13, § 3, *De pig.* et *hyp.*)
Il a ce caractère particulier, qu'il s'étend sur tout ce
qui, en fait et en droit, se rattache à la chose engagée,
sur toutes les *accessiones rei.* Son unique effet, c'est de
produire l'action hypothécaire, appelée dans les textes
« *serviana, quasi serviana, utilis serviana, pigneratitia
in rem,* enfin *hypothecaria.* » Nous n'insistons pas sur
l'origine historique très-connue de ces différentes dénominations ; mais nous voulons insister sur cette idée, que
toute l'efficacité du *pignus* réside dans cette action hypothécaire. Tout, en effet, repose ici sur l'action ; il n'y a
pas de droit qui aille au delà ; le droit, en un mot, est
limité à l'action ; il s'éteint avec elle (L. 27, pr., *De
nox. act.* ; L. 7, C. *De præsc.,* 30 *ann.*) ; il est transmis
avec elle, et même, comme nous le démontrerons plus
tard, il n'est pas transmissible sans elle. C'est l'idée que
fait ressortir avec force Gaïus, qui avait écrit un livre sur
la formule hypothécaire, et, par conséquent, avait en
cette matière une autorité spéciale (7). Dans la loi 27,

(7) Sic Büchel (*Civ. Erœrter*, 2e éd., p. 292), Sintenis (*Op. cit.* p.
12), et surtout Bachofen (*Op. cit.,* c. III). Dernburg (*Op. cit.,* p. 124,
repousse ce système : Il entend la loi 27 fr., citée au texte comme
Cujas (Opp. T. X, p. 1209), et Faber (*Ration. ad Fragm.,* 26 pr. c.)
Voici comment Cujas explique pourquoi, dans la décision de Gaïus, le
pignus n'est pas traité comme l'usufruit : « *Pignus constituitar jure
prætorio atque ita pacto nudo, ipso jure ei denegata serviana, ususfructus autem de jure civili, itaque non perimitur, nisi alio jure civili.*»
Suivant Dernburg, le § 19, T. I des règles d'Ulpien nous indiquerait
l'intérêt pratique de cette distinction : « *Servus in quo alterius est
ususfructus, ulterius proprietas, a proprietatis domino manumissus*

pr., *De nox. act.*, il déclare déchus de leurs actions le gagiste ou l'usufruitier qui se sont refusés à défendre, dans un *noxale judicium*, l'esclave, objet du gage ou de l'usufruit, et il ajoute : *Quo casu dici potest ipso jure pignus liberari : nullum enim pignus est, cujus persecutio negatur. Usufructus autem, etiamsi persecutio ejus denegetur, ipso jure durat quousque donec non utendo constituto tempore pereat.* » Papinien exprime en d'autres termes la même idée, lorsqu'il appelle le droit de gage *jus persequendi pignoris* (L. 37, *De reb. auct. jud. possid.*) Nous pouvons affirmer, avec de pareilles autorités, que le *pignus* ou *hypotheca* n'est qu'une action, une *res in actione constituta*, suivant l'expression de Zénon (L. 2, pr., C., *De quadrienn. præscript.*) Pour bien comprendre la nature et la portée du *pignus*, c'est cette action que nous devons étudier.

17. Savigny dit quelque part dans son *Système de droit romain* : « Les questions les plus importantes et les plus difficiles, touchant le droit des actions chez les Romains, ne trouvent leur solution que dans l'étude

liber non fit, sed servus sine domino est. » Mais il nous paraît bien difficile de croire que Gaïus ait voulu restreindre à cette hypothèse la portée d'un texte conçu en termes aussi généraux. Suivant nous, la vérité est que l'action joue ici un rôle tout particulier qui n'avait pas échappé aux jurisconsultes romains. En matière de propriété et d'obligations, on a l'habitude de distinguer entre le droit et l'action. L'action est considérée comme le moyen de faire valoir le droit en justice. Le droit a sa valeur propre ; il est indépendant de l'action et peut lui survivre. Par exemple la propriété existe, sans qu'une action soit nécessaire ni même possible ; l'action reste, si l'on veut, à l'état latent dans le droit, comme l'étincelle dans le caillou. De même pour l'usufruit, nous voyons par la loi 27 fr., citée plus haut, que le droit survit à la perte de l'action jusqu'à ce que, par l'effet du non-usage, il s'éteigne de sa propre fin.

approfondie de l'essence des formules. Le problème que nous avons à résoudre est celui-ci : comment les Romains ont-ils pu appliquer le *pignus*, c'est-à-dire l'action hypothécaire, au *nomen?* Suivant l'indication de Savigny, cherchons-en la solution dans l'étude de la formule hypothécaire.

18. La formule de l'action hypothécaire est conçue *in factum* (Gaïus, Inst. IV, 45, 46) (8). En effet, fondée sur un pactum dans lequel, comme dans tous les pactes, il s'agit d'un fait, *factum versatur* (L. 27, § 2, *De pactis*), elle exige purement et simplement la constatation, le « *verum esse* » (L. 30, § 1, *De except. rei judic.*) de certains actes juridiques, qui sont divisés dans l'*intentio* en trois groupes différents. Marcien, dans son traité sur la formule hypothécaire, nous donne toute l'économie de cette *intentio*. Voici comment il s'exprime (L. 23, D., *De probat*) :

I. « *Ante omnio probandum est, quod inter agentem et debitorem convenit, ut pignori hypothecæve sit :*

    sed et si hoc probet actor.

II. « *Illud quoque implere debet, rem pertinere ad*

---

(8) Sic Rudorff, Bachofen, Keller, Franke, Büchel, en un mot la grande majorité des auteurs. Mühlenbruch (*Cession der Forderungsrechte*, note 20) prétend que la formule était *in jus concepta;* suivant lui, il est difficile de croire que la première action hypothécaire, c'est-à-dire celle que créa Servius, contemporain de Cicéron, ait été conçue in factum. Le préteur avait d'autres procédés à cette époque; il employait des fictions. Ainsi l'action donnée par Servius aurait eu pour fondement cette fiction : « Comme si la *res* était devenue, par suite d'une mancipation, propriété du créancier. » Mais dans les textes nous ne trouvons aucune trace de cette fiction.

debitorem eo tempore, quo convenit de pignore ; aut cujus voluntate hypotheca data sit. »

Dans ce texte, il s'agit de preuve ; mais comme prouver n'est autre chose que remplir les conditions de l'*intentio*, on peut conclure des principes de la preuve aux conditions de la formule. Voici donc, d'après Marcien, quelle est la première partie de cette formule : « Entre Titius et Mœvius a été formé, pour garantir une créance, un contrat de pignus portant sur tel objet. » C'est l'affirmation d'un fait ; c'est précisément sur ce fait que se fonde le créancier pour faire valoir le droit hypothéqué et assurer à sa créance une garantie efficace. (L. 13, § 5 ; *De pig. et hyp.* 10, C. *De pig. act.*, 4, C. *De pig. act.* Comp. L. 28, L. 33 ; *De pig.* et *hyp.* ; L. 13, § 1, *ad SC. Velleianum.*)

Dans la deuxième partie de la formule, nous trouvons l'affirmation d'un second fait : « Au moment de la formation du contrat de gage, l'objet engagé était *in bonis debitoris.* » Les textes suivants de Gaïus et de Papiniēn sont d'accord avec celui de Marcien sur la teneur de ce second chef de l'*intentio* : « *Quod dicitur creditorem probare debere, cum conveniebat, rem in bonis debitoris fuisse, ad eam conventionem pertinet quæ specialiter facta est.* (L. 15, § 1, D. *De pig.* et *hyp.*) » *Servanda erit creditori actio serviana probanti, res in bonis eo tempore quo pignus contrahebatur, illius fuisse.* (L. 3, pr. D. *De pig.* et *hyp.*)

Enfin, les textes nous indiquent une troisième partie dans l'*intentio*. Le demandeur affirme « qu'il n'y a pas eu paiement, ni *satisfactio*, et qu'il ne tient pas à lui qu'il ne soit payé, ou *satisfactus*. » Voici deux textes décisifs :

Imp. Philippus in L. 19, C. *De usur.* « *Jus pignorum tolletur, quum serviana etiam actio manifeste declaret, pignoris inhiberi persecutionem vel solutis pecuniis, vel si per creditorem steterit, quo minus solvantur.* »

Marcianus in L. 13, § 4, D. *De pig. et hyp.* « *Suas conditiones habet hypothecaria actio, id est si soluta est pecunia aut satisfactum est, quibus cessantibus tenet.* »

19. Nous connaissons les trois éléments fondamentaux de la formule ; il nous est facile de la reconstituer entièrement. Les commentateurs sont à peu près d'accord, sauf quelques points de détails, pour la présenter dans les termes suivants :

J. E. Si paret inter Seium creditorem et Titium debitorem de Sticho servo convenisse, ut is pignoris nomine propter pecuniam creditam esset obligatus, et Stichum servum eo tempore, quo convenit, in bonis Titii debitoris fuisse, eamque pecuniam solutam non esse, neque eo nomine satisfactum (9) esse, neque per Seium creditorem stetisse, quominus solveretur, satisvefieret, nisi arbitrio tuo Titius debitor Seio creditori pecuniam solvat aut

(9) Bachofen (*Op. cit.*, p. 72) écrit ici « *satisdatum* » au lieu de « *satisfactum* » en s'appuyant sur la loi 49, *de sol. et liber.* *Satisdare* a un sens restreint ; il veut dire ordinairement fournir caution ; *satisfacere* a, au contraire, an sens très-large ; L. 9, § 3, *De pign. act.* La présence du mot *satisdare* dans le texte de Marcien est juridiquement inexplicable. Dans tous les autres fragments qui servent à reconstruire la formule hypothécaire, on lit « *satisfacium.* » On pense qu'il y a eu là erreur d'un copiste. Dernburg cite un texte de Caton (*De re rust.*, c. 146) ainsi conçu : « *Donicum solutum aut ita satisdatum erit, quæ in fundo illata erunt pignori sunto,* » d'après lequel il présume que Marcien avait pu copier une vieille formule usitée primitivement. Cette présomption n'est pas sans vraisemblance, car les formules comme les actions ont eu leur développement historique.

Stichum servum restituat, quanti ea res est, tanti Ti-tium debitorem Seio creditori condamna ; S. N. P. A.

Il ressort de cette formule que le créancier hypothé-caire est investi du droit d'action qui se trouvait *in bo-nis* de son débiteur. Qu'est-ce que l'*in bonis* d'après les Jurisconsultes romains? Modestin au livre VII de ses Rè-gles (L. 52, *D. De acq. rer. dom.*,) nous répond : « *Rem in bonis nostris habere intelligimus, quoties possidentes exceptionem, aut amittentes ad recuperandam eam, ac-tionem habemus* (10). » Titius a l'esclave Stichus *in bo-nis :* supposons qu'il en soit propriétaire ; s'il le perdait, si on le lui prenait, il aurait une action « *ad recuperandum eum,* » l'action en revendication. C'est cette action que le créancier ayant un *pignus* sur l'esclave va exercer sous la forme hypothécaire. Suivant l'expression de l'auteur allemand Schmid (11), à qui nous emprunterons une par-tie des idées développées dans cette thèse, l'action hypo-thécaire est une extension subjective de l'action qui était *in bonis* du débiteur ; par l'effet du *pignus*, l'action qui reposait sur la tête du débiteur, repose dorénavant sur deux têtes, celle du débiteur et celle du créancier. L'ac-tion hypothécaire a donc une force d'emprunt ; mais

(10) Il nous paraît incontestable que l' « *in bonis esse* » de la formule n'est point opposé au « *dominium ex jure Quiritium.* Marcien, dans son traité sur la formule hypothécaire, nous en donne lui-même la preuve en employant « *pertinere* » au lieu d' « *in bonis esse.* » Quel est le sens de *pertinere?* « *Verbum illud : pertinere, latissime patet ; nam et eis rebus petendis aptum est, quæ domini nostri sint, et eis, quas aliquo jure possideamus, quamvis non sint nostri dominii ; perti-nere ad nos etiam ea dicimus, quæ in nulla eorum causa sint, sed esse possint.* » L. 181, *De V. S.*)

(11) Schmid, *die Grundlehren der Cession nach Rœmischem Recht dargestellt* (Braunschweig, 1863).

tout en reflétant les qualités et les particularités de l'action dont elle dérive, elle n'en a pas moins son existence indépendante et ses règles particulières.

24. Les textes viennent à l'appui de cette idée. Julien (L. 16, *D. De servitutibus*) appelle l'action hypothécaire *utilis petitio;* Paul (L. 12, § 1, *D. quib. mod. pig.*) l'appelle *vindicatio*. S'agit-il d'un débiteur qui, étant *in causa usucapiendi*, a engagé à son créancier la chose qu'il usucapait? L'*actio hypothecaria* devient une véritable *Publiciana actio utilis* (L. 18, L. 21, § 1, *D. De pignor. et hyp.*) Ulpien, dans le livre LXIII de son commentaire sur l'Édit, nous parle d'une *actio hypothecaria* qui prend la forme d'une *utilis locati actio* (L. 20, *D. De pignor. et hyp.*,) et ce texte se réfère à ce qui se passerait au cas où un billet (*cautionis exemplo*) aurait été engagé. L'*hypothecaria actio* serait alors une *condictio utilis*. Le *pignus pignoris* produira une *persecutio pignoris utilis* (L. 13, § 2, *D. De pig. et hyp.*) Tous ces textes semblent bien prouver que l'action hypothécaire n'est qu'une action dérivée; aussi prendra-t-elle tous les caractères de celle que j'appellerai l'action mère. Tantôt comme la *rei vindicatio*, ce sera une action réelle arbitraire, dirigée contre le possesseur réel ou fictif, aboutissant au *jus jurandum in litem* etc. (L. 10, § 3, *D. De pig. et hyp.*), tantôt, comme la Publicienne, elle sera exposée à l'exception *dominii* qu'elle renversera par la *replicatio doli* (L. 18 et L. 21, § 1 *D. De pignor. et hyp.*), tantôt, elle sera comme l'action *locati*, personnelle et de bonne foi, tantôt, comme la *condictio*, personnelle et *stricti juris*. Les textes nous permettent d'aller plus loin encore. Supposons que la res pignerata soit dans

l'indivision, ou quelle ait été volée, ou endommagée, ou, si c'est un fundus, que les limites aient été déplacées, ou que l'exercice des servitudes actives attachées à ce fonds soit troublé, le créancier va pouvoir exercer sous la forme hypothécaire, ou *utiliter*, comme disent quelques textes, les actions *communi dividundo* (7, § 13, *Comm. divid.*, 2 C. eod. t.), *vi bonorum raptorum* (**22**, § 1, *de pig. act.*) *furti* (87, *de furtis.*), *damni injuria dati* (30, § 1, De *leg. aquil.*), *finium regendorum.* (4, § 9, *hoc tit.*), *confessoria.* (16, De *serv.*), toutes actions qui appartiendraient au débiteur *oppignerator*. Nous sommes donc fondés à dire que l'action hypothécaire est le droit, de la part du créancier, d'exercer pour la garantie de sa créance les actions que le débiteur avait au moment de la conclusion du *pignus*, ou du moins qu'il aurait eues si son droit avait été troublé. Aussi Paul, constatant (L. 16, § **2**, De *pign. act.*) que de son temps le *prædium superficiarium* pouvait être hypothéqué, en donne-t-il cette raison : « *Quia hodie utiles actiones superficiariis dantur.* » L'action hypothécaire peut donc être, suivant les cas, réelle ou personnelle. La première partie de l'*intentio*, qui constate la *conventio pignoris*, fonde le droit du créancier hypothécaire ; la deuxième partie précise son droit d'action, et lui attribue un caractère réel ou personnel suivant la nature de la chose *in bonis oppigneratoris*.

22. D'un autre côté, l'action hypothécaire n'en a pas moins son existencce indépendante et ses règles particulières ; car, ne l'oublions pas, elle repose sur un droit créé pour un but spécial, et qui, ce but une fois rempli, s'évanouit.

L'impignoration constitue une succession à titre singulier, d'un genre spécial, dans le droit de l'*oppignerator*.
Elle se distingue de la succession résultant du transport
de la pleine propriété en ce sens qu'ici ce n'est pas le
droit complet, c'est un droit restreint qui passe de l'auteur à son ayant cause ; il reste dans le patrimoine de
l'auteur un droit diminué par la constitution du *pignus*,
mais doué d'une force en quelque sorte attractive pour
s'annexer de nouveau ce qui en a été détaché.

23. La loi 66 pr. (*De evict.*) indique précisément la
portée de l'action hypothécaire : « *Nudam possessionem
avocat.* » Cette possession, objet de l'action, est la possession à titre de *pignus*, possession exercée sans *animus
domini* (L. 13, § 1, *De pub. act.*), par conséquent, dans
une certaine mesure, au nom de l'*oppignerator*. (L. 13 pr.
16, *De usurp.*), et protégée par l'action ou par l'exception hypothécaire. C'est à ce dernier point que se réfère
un texte très-significatif d'Ulpien. (L. 17, *De pig. et
hyp.*) ainsi conçu : « *Pignoris persecutio in rem parit actionem creditori.* » Ulpien ne dit pas que la *persecutio
pignoris* soit toujours une action réelle, mais seulement
qu'elle donne naissance à une action *in rem* : ce qui est
vrai absolument et dans tous les cas ; car la possession
acquise à l'aide de l'action hypothécaire personnelle est
aussi protégée par une action ou une exception *in rem*.
La décision d'Ulpien ainsi comprise a une importance capitale. En effet, que le créancier avec l'action hypothécaire obtienne la chose même qu'il poursuit, ou bien sa
valeur en argent, la *litis æstimatio*, le même résultat,
dans les deux cas, va se produire. Le créancier acquiert

sur la *litis æstimatio* comme sur la *res*, non pas la pleine propriété (cette pleine propriété il la laisse à l'*oppignera-tor*, si c'est à lui qu'il s'est attaqué ; il l'acquiert pour le compte de l'*oppignerator*, si c'est à un tiers qu'il s'est adressé), mais uniquement la possession à titre de *pignus*. C'est seulement après, en compensant les deux valeurs que représentent d'un côté le droit de gage, de l'autre, l'obligation de restituer, résultant du *pignus*, qu'il est investi d'un droit complet sur la *litis æstima-tio*, et se trouve entièrement désintéressé.

Cette manière de voir s'appuie sur les lois 16, §§ 3 et 6. (Marcien) L. 1, § 3 (Ulpien), *De pig. et hyp.*) Suivant ces deux jurisconsultes, le demandeur, dans l'action hypothécaire, obtient, à titre de dommages-intérêts, au lieu de la sûreté assise sur l'objet du *pignus*, une sûreté égale sur sa valeur en argent. Il ne doit s'attribuer cette valeur que jusqu'à concurrence de ce qui lui est dû ; le reste, il doit le rendre à l'*oppignerator* sur son action *pi-gneratitia directa*, ou le lui laisser, si c'est l'oppignera-tor lui-même qui payait les dommages-intérêts, décision qui s'explique par le principe : « *Dolo facit, qui petit, quod redditurus est.* » (Paul, L. 8 pr., *De dol, mal. et m. exc.*). La prise de possession de la *litis æstimatio* n'é-teint pas la créance *ipso jure* comme le ferait un paye-ment ; elle l'éteint *exceptionis ope* (Marcien, L. 8, § 19, *Quib. mod. pig.*), *perinde ac si soluta esset pecunia.* (Marcien, 12, § 1, *qui pot.*) Or, c'est bien sous cette forme que se réalise la compensation avant Justinien.

La loi 17, *De pig. et hyp.* se concilie donc facilement

avec notre système, qui fait de l'action hypothécaire une action tantôt *in rem*, tantôt *in personam*.

24. Si, comme nous le croyons, ce système est fondé en raison et en textes, rien n'est plus simple que l'application de la formule hypothécaire au *pignus nominis*. Le créancier ayant un *pignus nominis* exercera *utiliter* l'action personnelle dérivant de ce *nomen*, comme il exercerait, dans les circonstances précisées par les textes cités supra, soit la *petitio utilis*, soit la *Publiciana actio utilis*, soit la *pignoris persecutio utilis*.

Cette conclusion est conforme à ce qui est enseigné généralement. La plupart des auteurs donnent au créancier ayant *pignus nominis* l'action personnelle utile dérivant du nomen ; mais comment la rattachent-ils à l'ensemble du projet hypothécaire romain ? Il nous semble qu'il y a là une lacune ; la théorie que nous exposons ici et que nous empruntons à l'auteur allemand Schmid comble cette lacune et rattache au *pignus* lui-même, par le lien logique de la formule, toutes les actions auxquelles le *pignus* donne naissance.

25. Ici se présente une objection qui a une apparence de gravité. L'hypothèque, dit-on, est un droit réel ; or, une créance ne peut servir d'assiette à un droit réel. Si les Romains ont cru devoir, par un de ces moyens détournés dont les prêteurs se servaient souvent, donner une existence efficace au *pignus nominis*, il ne s'ensuit pas que l'action hypothécaire soit applicable à cette institution, qui ne peut avoir avec le *pignus rei* qu'une analogie fort éloignée. Voilà l'objection. Nous répondons que si nous n'avons pas parlé de l'hypothèque en elle-

même et de sa nature pour montrer comment elle n'est pas incompatible avec le *nomen*, notre silence tient à deux raisons décisives : la première, c'est qu'ayant dé·montré que le *pignus* est limité dans ses effets à l'action seule, l'unique manière d'en connaître les caractères essentiels était, à nos yeux, d'étudier l'action, en dehors de laquelle il n'a pas d'existence indépendante ; la seconde, c'est que les Romains ayant considéré l'hypothèque comme un pur *factum*, ne l'ayant pas élevée au rang des droits réels civils, ne la qualifiant de *jus in re* que dans deux textes sans grande portée (L. 30, *De nox. act.*; L. 19 pr., *De damn. inf.*), puisque jamais ils n'ont pris la peine de construire la théorie des *jura in re* opposés aux *obligationes*, il nous paraîtrait tout à fait illogique de commencer une étude quelconque sur l'hypothèque romaine par une théorie *a priori* sur l'essence de ce droit ; puis, cette théorie posée, d'en tirer une série de déductions qui constituerait le système hypothécaire romain. Nous le répétons avec Savigny : si ce système peut être reconstruit, c'est dans la formule hypothécaire qu'il faut en chercher les éléments ; car c'est dans la formule, résumé des exigences de la pratique, que les Romains, plaideurs consommés, les ont déposés (12). Peu

---

(12) Dernburg op. cit. p. 77) repousse cette idée. Pour lui l'étude de la formule hypothécaire n'a d'importance que pour les commencements de l'institution du *pignus*, parce qu'elle reflète la conception primitive des Romains; mais vouloir y trouver la clé du système hypothécaire tout entier, c'est s'exposer à des erreurs. La formule, ajoute Dernburg, telle que nous l'avons reconstruite à l'aide de fragments empruntés à différents textes, est à l'ensemble de ce système ce qu'une grossière ébauche est à une peinture achevée. Nous ne saurions accepter une pareille appréciation. Que le droit hypothécaire se soit développé

nous importe donc, pour l'étude que nous cherchons à faire ici, que l'hypothèque soit un *jus in re*, ainsi que le pensent la majorité des auteurs, ou, comme certains écrivains l'ont prétendu, qu'elle soit une *obligatio rei*, ou même, comme d'autres l'ont avancé, qu'elle soit un simple *mandatum agendi et alienandi* donné au créancier.

26. Nous avons essayé de démontrer comment l'action hypothécaire s'appliquait au nomen ; nous avons dit qu'elle devenait une *actio in personam utilis*. Certains auteurs ont été plus loin que nous ; ils ont prétendu que l'action hypothécaire *in rem* s'appliquait au *nomen*. A leur tête, je citerai Cujas, qui s'exprime ainsi : « *Creditori, cui debitor nomen debitoris pignori obligaverit, dari*

depuis que le préteur Servius donna sa première formule, cela n'est pas douteux ; mais la théorie de l'action hypothécaire n'en est pas moins restée la même dans ses traits fondamentaux, et, sans faire sortir de la formule ce qu'elle ne contient pas, il est permis d'affirmer que les principes qui en avaient inspiré les termes sont restés en vigueur dans la jurisprudence. Nous n'en voulons d'autres preuves que les textes mêmes à l'aide desquels cette formule a été reconstruite. Ces textes témoignent d'une manière irrécusable que les formules, même lorsque l'usage en fut aboli, ne furent pas, du jour au lendemain, dédaignées comme les restes inutiles d'un vain formalisme ; elles restèrent dans la doctrine et dans la pratique comme les éléments précieux d'une analyse juridique admirable de précision et d'exactitude ; — et si, dès l'époque de Constantin, l'usage des vieilles formules ne fut plus imposé aux plaideurs, si depuis Théodose les magistrats n'eurent même plus à donner de formules in judicio (L. I et II, c. *De formulis*), magistrats et plaideurs n'en furent pas moins heureux de s'y référer encore pour préciser conformément aux principes et pour résoudre les questions à juger. (L. 3, c. *De interd.* L. 2 et 4, c. *Unde vi.* L. 17, c. *De act. E.*)

Bachofen (op. cit.) a essayé précisément de rattacher à l'étude de la formule, la théorie entière du *pignus ;* son œuvre est restée inachevée. Schmid (op. cit.) a tenté d'accomplir, en ce qui concerne la matière spéciale du *pignus nominis*, la tâche que Bachofen s'était proposée. C'est le livre de cet auteur qui nous sert de guide.

actionem utilem, sine adjectione, simpliciter, et certis-
simum esse, toto illo tractatu de pignoribus utilem
actionem accipi pro hypothecaria, quæ semper dicatur
utilis, quæ sit serviana utilis. » (Ad Leg. 18, pr. D. *De*
pign. act. in Recit. ad Jul. Pauli lib. ad Edictum, L. 20.
Op. T. V, p. 242, ed. Neap.) Il est vrai que le même
Cujas, en expliquant la loi 7 au code (*de hœr. vel actione*
vend.), déclare qu'il s'agit d'une action personnelle
utile (13). Accurse avait déjà professé les deux opinions
(in glossis ad. L. 13, § 2, D. *De pign. act.* et ad. L.,
4 C., *quæ respignori*). Hotman fit de même (comparez in
observ. juris. lib. VI, C. 16 et *in Epitom.* ad. D. L. 20,
T. III, num. 11). Enfin Ulrich Huber s'écrie : « *Nobis*
igitur, cum utrique locus esse actioni non possit, nihil
admodum obstare videtur. » Dans notre système, ces
deux opinions se concilient très-simplement, puisque nous
faisons de l'action hypothécaire une action personnelle
utile. A force de tâtonnements, nos vieux maîtres avaient
fini par toucher juste ; ils étaient arrivés à ce que nous
croyons être le vrai, mais sans savoir par quel chemin ;
ils concluaient comme nous, mais sans démontrer, et
paraissaient consacrer une antinomie invincible. Notre
système les met d'accord avec eux-mêmes.

(13) Parmi les modernes, un auteur allemand, Trotsche, dans son ouvrage intitulé «*Das Verpfændungsrecht des Pfandglœubigers,* Güstrow,
1834 » a repris une des thèses soutenues par Cujas, celle qui consiste
à voir dans l'action utile du créancier hypothécaire une action *hypo-*
thecaria in rem. Mais comment comprendre que l'on puisse faire
valoir un droit de créance autrement que par voie d'action personnelle?

III

Du droit de vente. Comment il s'applique au nomen.

27. La création de l'action hypothécaire ne donna pas encore au pignus toute sa valeur pratique ; il y manquait encore le complément du *pactum de vendendo*. Introduit d'abord comme une clause accessoire, une *lex contractus* accidentelle, exprimée dans le contrat de gage (L. 4, *De pig. act.*), il devint ensuite une clause naturelle, puis une clause essentielle de ce contrat. Il lui imprima un caractère tout nouveau en donnant au gagiste le droit de réaliser son gage. Nous inclinerions à penser, avec Bachofen (*das Rœmische Pfandrecht*, p. 209), que ce fut la combinaison de ce droit de vente avec l'action hypothécaire qui fit considérer le droit de gage comme un droit réel. Jusqu'à l'introduction de ce droit nouveau, le droit de gage, nous l'avons vu, se réduisait à l'action ; depuis, l'action devint le moyen juridique de faire valoir le droit de vente, absolument comme l'action confessoire servait à protéger l'usufruit, *jus in re aliena*. Le gagiste eut un droit indépendant de l'action, comme l'usufruitier. L'idée d'un *jus in re*, ayant pour objet l'*abusus rei pigneratæ*, devait naître de ce rapprochement. Elle n'eut, du reste, aucune influence scientifique sur la théorie de l'action, qui resta le pivot de toutes les questions relatives au gage.

28. Sans vouloir nous étendre ici plus longuement sur

la nature de ce pacte, nous nous bornerons à cette simple observation, qu'il s'applique sans difficulté au *nomen* engagé ; car le *nomen* est une valeur qui peut faire l'objet d'une vente. Or, c'est sans doute en pensant à cette aliénation éventuelle, qui est la raison d'être et le résultat vraiment efficace du *pignus*, que Gaïus dit dans la loi 9, § 1 (*De pig.* et *hyp.*) : *Quod emptionem venditionemque recipit, etiam pignerationem recipere potest.* »

29. En résumé, les trois rapports de droit qui forment les éléments constitutifs du *pignus* : *contractus pigneratitius, actio hypothecaria, pactum de vendendo*, peuvent s'appliquer au *nomen ;* nous croyons l'avoir démontré dans les pages qui précèdent : nous croyons pouvoir conclure de cette démonstration que le *pignus nominis* avait sa place marquée par la logique du droit dans l'édifice si savamment construit des institutions juridiques de Rome.

SECTION II

§ UNIQUE. CARACTÈRE GÉNÉRAL DU PIGNUS NOMINIS

30. Une idée assez généralement répandue parmi les commentateurs, c'est que le *pignus nominis* implique *cessio nominis*. Toute l'utilité du *pignus nominis* est, dit-on, dans cette cession d'action; car le *pignus* n'est autre chose qu'un droit sur la *res pignerata*, conféré au créancier pour la sûreté de sa créance. Or, on ne peut tirer profit d'une obligation dont un tiers est le sujet actif, que si l'on est investi de l'action par voie de cession. S'agit-il ici d'une cession pure et simple? Non, sans doute, la nature du *pignus* s'y oppose; il s'agit d'une cession soumise à la condition suivante : « Si le débiteur est en demeure de payer. » Voilà, dans ses lignes générales, la théorie présentée par certains auteurs. Il est vrai que ces auteurs, et particulièrement Huschke, dans sa dissertation : *De pignoris nomine*, font de telles réserves, en appliquant à notre matière les règles de la cession, que leur théorie devient plus acceptable; mais le principe nous en paraît erroné. Voici ce que dit à ce propos Vangerow (Lehrbuch, p. 813, 8ᵉ édit.): « Bien qu'on ne puisse réaliser la créance d'autrui qu'en vertu du *mandatum actionis*, il n'en faut pas conclure que l'impignoration d'un *nomen* doive être considérée comme

une cession éventuelle ou conditionnelle, et le gagiste
traité comme un cessionnaire ; il est, au contraire, absolument nécessaire, autant que le permet la nature de la
chose engagée, de laisser ici place aux règles du *pignus*. »
À nos yeux, ces quelques mots du grand jurisconsulte
allemand résument très-nettement la doctrine que nous
tenons pour vraie.

31. Écartons d'abord de notre sujet une équivoque
que l'on ne s'est point assez attaché à dissiper. Que
faut-il entendre par *cessio nominis?* Est-ce l'*emptio venditio* appliquée à ma créance ? Nous maintenons alors
qu'il y a une grande différence entre le *pignus* et la *cessio
nominis*. La *cessio nominis* ne désigne-t-elle au contraire
que la *successio singularis in jus creditoris* (14), le transport de la créance d'une tête sur une autre, à quelque
titre que ce soit ? Nous proclamons que le *pignus nominis*
implique cession ; mais nous allons montrer que ce fait
n'entraîne pas les conséquences qu'on en a voulu tirer,

32. Les Romains, nous l'avons dit, ne comprenaient
pas le passage des créances d'une tête sur une autre sans
la transition du *mandatum agendi*. Lorsque le mandat
n'avait pas été donné, ou ne pouvait l'être, et qu'il était

______

(14) Voici la définition que Mühlenbruch (op. cit., §. 18) donne de
la cession : « *Die Cession ist die übertragung der befugniss, ein fremdes
forderungsrecht als eignes geltend zu machen.* » « La cession est la
transmission de la faculé de faire valoir comme sien un droit de créance
d'autrui. » Cette définition est parfaitement juste : c'est bien, en effet,
le droit d'autrui que le cessionnaire fait valoir ; car après la cession le
cédant peut encore agir sur le droit cédé, et ce droit, jusqu'à ce qu'il
s'éteigne, est traité dans ses effets essentiels comme un droit du créancier primitif. Mais, en même temps, le cessionnaire fait valoir un
droit propre, car il peut en disposer en toute liberté, et on lui opposera
des exceptions *ex ipsius persona.*

juste que le transport d'une créance existât, ils sous-entendaient le mandat. Tous les « *negotia juris* » relatifs aux créances devaient passer par ce canal. Un auteur du XVIIe siècle (15), qui a écrit sur la cession, présente cette distinction du mandat réel et du mandat fictif, sous une forme assez saisissante : « *Cessionis summa et præcipua divisio est*, dit-il, *quod alia est hominis, alia vero legis. Cessio legis est quando legis virtus et auctoritas, aliqua æquitatis vel necessitatis ratione dictante efficit, ut actio ejusque exercitium mihi competens, absque aliquo meo facto, in alium transferatur.* Doneau (*comm. jur. civ.* L. 15, C. 44, § 14) pense avec raison que, dans le cas de *cessio hominis*, c'est-à-dire lorsqu'il y avait *procuratio* expresse, l'*actio directa* dont le cessionnaire était investi, en vertu de cette *procuratio*, était complétée par l'action utile. Dans le dernier état du droit, en effet, le mandat fictif résulte du *negotium juris* intervenu, du *titulus cessionis*. Or, lorsqu'il y a *procuratio* expresse, ce *titulus* existe ; donc, il doit produire, dans ce cas encore, l'effet juridique que la loi lui a attribué dans d'autres circonstances. Le cessionnaire a donc le droit d'agir de deux façons différentes, ou bien *directe alieno nomine*, ou bien *utiliter suo nomine*. Lorsqu'il y a mandat fictif, au contraire, le cessionnaire ne peut agir que *suo nomine utiliter*.

33. Arrêtons un instant notre attention sur ces deux actions. Les termes mêmes employés pour les désigner en indiquent les caractères différents. La première est

____

(15) Alp. de Olea, *De cession.* T. 1, Qu. 3, n° 1.

intentée au nom d'autrui ; mais la profit de la condamnation est adjugé au mandataire (L. 9, C. *De procur.*). La
deuxième est intentée au nom du mandataire lui-même.
Voici comment la formule devait être à peu près rédigée
pour l'action directe : *J. E. Si paret Numerium Negidium
Aulo Agerio decem milla daré oportere, Judex Numerium
Negidium Publio Mœvio decem millia condemnato.* Pour
l'action utile : « *J. E. Si Publius Mœvius dominus actionis
esset, tum si pareret Numerium Negidium Publio Mœvio
decem millia dare oportere, Judex Numerium Negidium
Publio Mœvio decem millia condemnato. S. N. P. A.* (16).
Cette dernière formule est celle d'une action fictice. Le
mandataire *in rem suam agit « ficto se domino actionis ; »*
cette fiction devient la base de son droit d'action, qui
n'est plus présenté comme un droit d'emprunt, mais
comme un droit propre (17). Nous trouvons un contraste
analogue dans la situation du *bonorum emptor*, qui peut

(16) Aulus Agerius est le cédant, Publius Mævius le cessionnaire, Nu-
merius Negidius le cédé.

(17) Mühlenbruch (op. cit.) n'accorde pas cette double action au mandataire réel. Suivant lui, l'action utile n'interviendrait que dans les cas
exceptionnels où la forme ordinaire de la cession, le *mandatum agendi*,
n'a pas été ou n'a pu être employée, c'est-à-dire dans les cas où il y a
lieu à mandat fictif. Nous opposerons à l'opinion de Mühlenbruch celle
des jurisconsultes romains. Paul (13, § 4, *De Pactis*) dit du *procurator
in rem suam* « *domini loco habetur ; »* Ulpien (L. IV,§ 3, *De alien. jud.
mut. causa*) qualifie ainsi l'effet de la *procuratio in rem suam : do-
minio (sc. actionis) in eos plerumque ex justa causa translato.* » Dans
deux rescrits sur lesquels nous aurons l'occasion de revenir (L. 7
et 8, c. *De her. vel act. vend.*), Dioclétien et Maximien appellent
l'action donnée à l'acheteur d'une créance engagée vendue par le gagiste « *utilis emptori velut ipsi creditori danda actio,* » et au cas où il
s'agit d'une créance munie d'un gage « *utilis exemplo creditoris persecutio.* » Ils opposent cette dernière à l'action *directa* « *in rem
suam procuratore facto.* »

se servir, soit de l'action rutilenne « *Nam ex persona ejus cujus bona emerit sumpta intentione convertit condemnationem in suam personam,* » soit de l'action servienne « *ficto se hærede agit* », Gaïus (C. IV, § 35-37) nous donne sur ce sujet des indications précieuses.

34. Dans toute transmission de créances, d'un côté, nous trouvons un *mandatum agendi* réel ou fictif, servant de base aux deux actions dont nous venons de construire les formules, et jouant un rôle qui n'est pas sans analogie avec celui de la tradition en matière de translation de propriété ; de l'autre côté, un *titulus,* un *negotium juris,* donation, vente, legs, etc., qui donne au mandat une couleur juridique spéciale, mais ne peut se réaliser que par lui ; or, le *pignus* est une cause de transmission, un *titulus cessionis,* car il change l'assiette de la créance, non pas, nous le répétons, d'une façon radicale et définitive comme la vente ou la donation, mais de manière à procurer au gagiste un exercice spécial et limité du droit engagé. Il faut donc que le gagiste ait un *mandatum agendi.* S'agit-il d'un mandat exprès? Non, car les textes, que nous étudierons plus loin en détail, donnent au gagiste une action utile ; par conséquent, nous sommes ici en présence d'une *cessio legis* et d'un mandat fictif (18). Mais quelle est cette action concédée *utiliter?* Est-ce simplement

---

(18) Schmid (op. cit, § 10) prétend que l'idée d'un *mandatum agendi in rem suam,* soit réel, soit fictif, est étrangère au *pignus nominis* parce que le mandat s'applique uniquement au transport du droit complet sur les créances. Mais nous ferons remarquer qu'on ne peut, en droit romain, faire valoir la créance d'autrui sans mandat fictif ou réel : et que de plus le mandat, par sa nature, se prête comme la tradition à toutes les exigences de la *justa causa.*

l'action de la créance passant tout entière aux mains du gagiste, comme s'il y avait eu *emptio venditio nominis ?* Évidemment non, car le but du pignus serait dépassé. N'est-ce pas plutôt l'action de la créance exercée à l'aide de la formule hypothécaire ? Un fait nous porte à le croire : c'est que cette action utile donnée à défaut de *procuratio in rem suam* expresse au créancier ayant *pignus nominis*, fut une des premières admises par les jurisconsultes. (L. 4, C. *quæ res pig.*) Ce fait s'explique parce que le *pignus* conférant par lui-même un *jus persequendi* au créancier, *jus persequendi* d'une nature spéciale, un mandat parut moins nécessaire pour la transmission du *nomen pigneratum*. En outre, il aurait fallu insérer dans ce mandat certaines restrictions, tandis que le mandat implicitement contenu dans le *pignus* est déterminé et limité à des fins particulières par la formule, qui en résume les conditions et les effets (19).

35. Pour nous, le *pignus nominis* est donc un véritable *pignus ;* les règles de l'*emptio venditio* ne s'y appliquent pas en général. Nous montrerons, en poursuivant notre étude, comment il ést soumis aux principes qui régissent toute mutation à titre singulier du droit d'exercer une créance : c'est là qu'est le point de contact entre le *pignus* et l'*emptio venditio nominis.* Si l'on entend le mot *cessio* dans le sens de *mandàtum agendi,* nous avons établi que le *pignus* implique *cessio,* non pas con-

---

(19) L'effet du mandat fictif qui est de donner naissance à l'action *utilis suo nomine* se confond, en la forme, avec l'effet du pacte de *pignus* qui donne lieu à l'action hypothécaire, c'est-à-dire à une action *utilis suo nomine* d'un caractère spécial.

ditionnelle, mais pure et simple, non pas complète, mais limitée (20).

36. L'intérêt principal du *pignus* réside dans l'action hypothécaire et dans le droit de vente ; nous allons en étudier l'application au *nomen*. Quant aux *actiones pigneratitiæ*, nous aurons, dans les développements qui vont suivre, l'occasion d'en montrer le jeu.

(20) Dernburg (op. cit., p. 461) voit dans le pignus nominis une espèce de cession de la créance, dans laquelle les droits du cessionnaire sont limités aux fins particulières du pignus, de sorte qu'ils s'évanouissent dès que la créance garantie est éteinte. Cette opinion se rapproche beaucoup de la nôtre.

SECTION III

DE L'ACTION HYPOTHÉCAIRE APPLIQUÉE AU NOMEN.

37. Le *pignus nominis* donne naissance à un certain nombre de rapports de droit.

Un réscrit d'Alexandre, inséré au Code dans la loi 4 *quæ res pignori*.), les décrit de la façon suivante : « *Nomen quoque debitoris pignorari et generaliter et specialiter posse, jam pridem placuit. Quare si debitor is satis non fecerit, cui tu credidisti, ille, cujus nomen tibi pignori datum est, nisi ei cui debuit, solvit, nondum certior a te de obligatione tua factus, utilibus actionibus satis tibi facere usque ad id, quod tibi deberi a creditore ejus probaveris, compelletur : quatenus tamen ipse debe*. » Nous dégagerons et nous analyserons les différentes idées contenues dans ce texte en étudiant successivement les trois parties constitutives de l'*intentio* dans la formule hypothécaire.

§ 1er. *Première partie de l'intentio.*

38. Cette première partie de la formule devait être ainsi conçue : « *J. E. Si paret inter Aulum Agerium creditorem et Numerium Negidium debitorem convenisse, ut nomen Lucii Titii propter mille aureos quos Numerium Negidium Aulo Agerio ex mutuo dare oportet, pignori sit obligatum*. » Ainsi le gagiste doit prouver qu'il y a eu

convention de *pignus* (*nomen tibi pignori datum est*, dit notre texte) ; il doit prouver aussi l'existence et indiquer le montant de la créance garantie, (*id quod tibi deberi a creditore ejus probaveris*, dit encore notre texte). Paul s'exprime de même dans la loi 18 pr. D. *de pignerat. act.* : « *Si convenit ut nomen debitoris mei pignori tibi sit, tuenda est a Prætore hæc conventio....* » Le droit du gagiste repose non pas seulement sur le *mandatum agendi* comme celui du cessionnaire, mais sur le fait même de l'impignoration ; c'est un droit dérivé quant à sa nature et à ses effets, mais c'est un droit ayant un principe d'existence propre. Sans cela le gagiste n'aurait point une garantie suffisante. Que se passe-t-il dans la cession de créance? Si le cessionnaire ne peut exercer l'*actio mandata*, il pourra recourir contre son cédant par l'action du contrat de vente, et obtenir des dommages-intérêts. Mais celui qui s'est fait constituer un gage sur une créance a voulu avoir une sûreté indépendante du crédit personnel de son débiteur ; il résulte donc de la nature intime du gage que le créancier doit pouvoir s'emparer immédiatement de l'objet engagé. Quelle est l'action qui répond à ce but ? l'action hypothécaire, qui naît du pacte de *pignus*, sans qu'il intervienne entre les parties aucun rapport obligatoire. Le *mandatum agendi* disparaît ici, absorbé dans l'action hypothécaire. C'est ce qu'expriment très-nettement les Basiliques : « *Si generalem haberet hypothecam, etiam adversus debitores debitoris sui citra mandatum ejus agere posset. Nomen enim obligatum est, ut didicimus in hyrothecaria....* (*Sch, 2, Basil. XXIV,* 3, c. 5, Trad. Heimbach). Dans un autre passage (*Sch.* 1,

Basil. XXV, 1 c. 18 pr.) les Basiliques mettent en opposition l'action de celui qui a un droit complet sur la créance, qu'il s'agisse d'un droit originaire ou dérivé, et l'action de celui qui a sur cette créance un simple pignus. Voici en quels termes : « *Nota, creditorem non posse convenire debitoris sui debitorem ob debitum, si cautio ei pignori data fuerit; tunc autem persequitur, utili scilicet actione experiens, cum debitor qui cautionem pignori dedit, creditori suo non satisfaciat, ut refertur lib. 8 Codicis Tit, 17, const. 4.......* » Ce texte insiste fortement sur le contraste que nous avons nous-même essayé de mettre en lumière. L'action du gagiste n'est pas une action fondée sur le droit de créance « *convenire ob debitum*», c'est une action fondée sur le pacte de *pignus*, une *persecutio utilis*, « *persequitur utili actione.* » Les mots *persequi*, *persecutio* sont les mots consacrés dans les textes à l'action hypothécaire.

39. Le *nomen* n'a pas de valeur en lui-même ; il n'a d'autre valeur que celle de la *res debita*. Il est donc rationnel de dire que la *res debita* est engagée en même temps que le *nomen*. C'est ce qui paraît tout d'abord résulter des principes généraux du Droit romain. Paul nous dit (L. 4, *D. de V. S.*) : « *Nominis appellatione rem significari Proculus ait.* » En matière de legs, Julien s'exprime d'une façon plus significative encore : « *Quin etiam si nomen quis legaverit, id, quod in actionibus est, legatum intelligitur* « (L. 59, *in f, D. de leg.* 3). La réciproque paraît être vraie aussi d'après les principes : l'engagement de la *res debita* comprend aussi le *nomen*. Car Ulpien (L. 23, *D. de V. S.*) nous dit : « *Rei*

appellatione et causæ et jura continentur, » et il applique ce principe sans difficultés en matière de legs dans la loi 75, § 2, *in fin. D. de legatis I.* Il s'agit d'un legs conçu en ces termes : « *Decem quæ mihi Titius debet, lego* ; » le jurisconsulte décide que si je ne me suis pas fait payer par Titius de mon vivant, ce qui eût été une révocation du legs ; si Titius par conséquent « *debitor maneret, actiones adversus eum hæres meus duntaxat præstare cogeretur.* » Les textes ne sont pas aussi nets en ce qui concerne le *pignus* ; à l'aide des inductions qu'ils nous fournissent, nous allons essayer de démontrer ce qui n'y est qu'indiqué.

40. La *res debita* est engagée avec le *nomen* (21).

Le rescrit d'Alexandre nous en fournit la preuve dans cette distinction même qu'il établit entre la *solutio* (*nisi ei, cui debuit, solvit*) due par l'*oppigneratus* à l'*oppignerator* et la *satisfactio* (*satis tibi facere.... compelletur*) réservée au gagiste (22).

Considérons en effet combien cette distinction est féconde.

Un créancier a donné en gage sa créance. Voilà trois parties liées par ce fait, l'*oppignerator*, l'*oppigneratus* et le gagiste. Comment cette situation va-t-elle se dénouer?

(21) Sic Sintenis (*Pfandrecht*, p. 338). *Contra* Husehke. Dernburg (op. cit., p. 463) distingue suivant que la créance a pour objet une *res* ou une *pecunia ;* si le *nomen* est *pecuniarium*, il admet que la somme d'argent est engagée avec le nomen.

(22) Pour plus de clarté, nous appelons le débiteur constituant le *pignus*, *oppignerator*; le débiteur dn *nomen pigneratum*, *oppigneratus*. Quant au créancier qui reçoit la garantie du *pignus*, nous le désignons indistinctement sous les noms de créancier gagiste ou de créancier hypothécaire.

De deux choses l'une, ou le débiteur *oppigneratus* paye entre les mains du créancier *oppignerator*, et alors ce créancier acquiert la propriété de la *res debita ;* il la possède dorénavant à titre de propriétaire ; mais en même temps le gagiste en vertu de son droit de gage primitif acquiert un *pignus* sur la *res debita ;* ou bien le débiteur *oppigneratus* paye entre les mains du gagiste, et alors ce dernier, toujours en vertu de sa *conventio pignoris* primitive, acquiert un droit de gage sur la *res debita* et la possession de cette *res* à titre de gagiste. En même temps l'*oppignerator* par son intermédiaire en acquiert la propriété. Or l'Empereur dans son rescrit entend par *solutio* la translation de la propriété de la *res debita* sur la tête du créancier *oppignerator*, qu'elle se soit effectuée directement, ou par l'intermédiaire du gagiste, et par *satisfactio* l'acquisition d'un *pignus* sur cette *res* par le gagiste.

Ainsi le gagiste est dédommagé de la perte de son *pignus nominis*, perte qu'entraîne la *solutio* en éteignant le *nomen*, par l'acquisition d'un *pignus* sur la *res debita* que la *solutio* a fait passer dans le patrimoine du créancier *oppignerator ; satisfactus est*, pouvons-nous dire, car c'est bien là le sens de ce mot suivant la définition d'Ulpien (L. 9 § 3, *D. de pign. act.*). « *Satisfactum autem accipimus...., sive aliis pignoribus sibi caveri voluit, ut ab hoc recedat.* » L'action utile du gagiste prend alors le caractère qu'Ulpien attribue à toute action hypothécaire « *in rem parit actionem creditori* (23). »

<hr>

(23) Cette transformation du *pignus nominis* en *pignus rei* que bien des auteurs se refusent à admettre s'explique très-naturellement. Elle

44. Le texte suivant de Paul (L. 18, *pr. de pign. act.*) confirme cette manière de voir. « *Si convenerit ut nomen debitoris mei pignori tibi sit, tuenda est a Prætore hæc conventio ; ut et te in exigenda pecunia, et debitorem adversus me, si cum eo experiar, tueatur. Ergo si id nomen pecuniarium fuerit, exactam pecuniam tecum pensabis : si vero corporis alicujus, id quod acceperis, erit tibi pignoris loco.* »

Ce texte prouve en premier lieu que le gagiste acquiert sur la chose par lui reçue un droit de gage et de possession à titre de gage, « *erit tibi pignoris loco.* » Cette idée n'est pourtant point acceptée de tous les auteurs. Trotsche et Mühlenbruch soutiennent que les mots « *pignoris loco* » désignent un simple droit de rétention. Entre autres raisons ils se fondent sur ce que ces mots dans les textes désignent ordinairement ce dernier droit. Mais cet argument de texte ne supporte pas l'examen. En effet toutes les fois que l'expression *pignus* n'est pas employée par les jurisconsultes romains dans son sens technique de droit de gage, il est accompagné d'autres mots qui en res-

est le développement logique du *pignus nominis*. La *solutio* n'est pas, en effet, une opération juridique distincte qui ait besoin d'un nouvel accord des parties pour s'accomplir ; c'est l'exécution pure et simple de l'obligation engagée. Or il est conforme à la volonté des parties, que nous avons à interpréter ici, et à laquelle il faut supposer une direction sérieuse et pratique, que non-seulement l'obligation en elle-même, le *vinculum juris*, mais aussi le produit de l'obligation exécutée, la *res soluta*, servent de garantie au créancier hypothécaire. Il y a là une véritable *satisfactio* : « *Generaliter dicendum erit, quotiens recedere voluit creditor a pignore, videri ei satisfactum, si, ut ipse voluit sibi cavit...,* dit Ulpien. (L. IX, § 3, *De pign. act.*) Or, puisque l'obligation aboutit naturellement au payement, il y a là un dénoûment que les parties devaient forcément prévoir et d'avance accepter.

treignent et en précisent exactement la signification (24).
Or dans le fragment de Paul on ne trouve aucun de ces
mots. Donc il faut donner à l'expression *pignus* son sens
ordinaire. La *scholie I ad Basil. XXV, I,* c. XVIII,
interprète comme nous : « *hypothecæ jure.* » Le gagiste
acquiert donc sur la *res debita* un véritable *pignus*; il
est investi de l'action et de l'exception hypothécaires ; il
peut user en cas de besoin du droit de vente ; enfin, suivant la nature du contrat primitif, *pignus* dans le sens
étroit ou *hypotheca*, il a la possession *ab interdicta* ou la
simple détention.

42. En second lieu le texte de Paul prouve que le
gagiste a sur l'argent touché non pas un droit de propriété, mais un simple droit de gage. Autrement, à quoi
bon parler de compensation pour assurer au gagiste
l'acquisition définitive de cet argent ? La compensation
suppose en effet deux obligations en sens inverse qui se
neutralisent : *Compensatio est debiti et crediti inter se
contributio,* dit Modestin. (L. 1, *D. de comp.*) Ici le *creditum* pour le gagiste, c'est le droit né de la convention de
gage ; le *debitum,* c'est son obligation de rendre résultant du contrat réel de gage. Le gagiste impute ces deux

---

(24) Ainsi (L. XV, § 3, *De furtis*) le commodataire qui a un *debitum
cum re junctum* pour impenses faites sur la chose prêtée a l'action
furti contre le propriétaire qui lui enlève cette chose, « *quia eo casu
quasi pignoris loco ea res fuit.* » (L. XIII, § 8, *De A. E.*) Le vendeur
peut garder la chose vendue jusqu'à parfait payement du prix, « *quasi
pignus retinere.* » La loi 31, § 8, *De Ædil. Edicto* s'exprime de
même (L. 14, § 1, *De furtis*). L'acheteur qui s'empare de la chose
vendue avant d'avoir payé est tenu de l'action *furti,* « *perinde ac si
pignus subtraxisset.* » Dans ces textes les mots *quasi, ac si, retinere*
modifient la portée du mot *pignus,* et lui donnent la signification exceptionnelle de droit de rétention.

valeurs l'une sur l'autre, et éteint en même temps la créance garantie par le *pignus*.

43. Remarquons en dernier lieu dans le texte de Paul le lien logique (*ergo*) que le jurisconsulte établit entre le droit d'action né du *pignus nominis* et l'acquisition d'un droit de gage sur la *res* payée par l'*oppignerator*. N'en faut-il pas conclure que Paul voyait dans cette action un des cas d'application de la formule hypothécaire avec cet effet particulier à toute *pignoris persecutio* de produire « *actionem in rem creditori?* » Voici ce qui nous confirmerait dans cette conclusion : L'effet du payement de la *res debita* par l'*oppigneratus*, qui est, tout en désintéressant l'*oppignerator*, de donner satisfaction au gagiste, se produit non-seulement lorsque le gagiste reçoit immédiatement la *res*, mais encore lorsque la *res* est livrée à l'*oppignerator*. Le texte suivant, sur lequel on a tant discuté, le démontre à notre sens bien clairement, quoique d'une façon un peu indirecte. C'est un texte relatif au *pignus pignoris*, mais les décisions qu'il contient s'appliquent au *pignus nominis*, le *pignus pignoris* impliquant, comme nous le verrons plus tard, *pignus nominis*.

Marcien, *Libro singul. ad formulam hypothecariam.* (D. L. 13, § 3, *De pig. et hyp.*)

(Cette simple rubrique suffit déjà pour nous indiquer qu'il ne peut être question dans notre loi que de l'action hypothécaire.) « *Cum pignori rem pigneratam accipi posse plucuerit, quatenus utraque pecunia debetur, pignus secundo creditori tenetur, et tam exceptio quam actio utilis ei danda est. Quod si dominus solverit pecuniam, pignus quoque perimitur. Sed potest dubitari num-*

quid creditori nummorum solutorum nomine utilis actio danda sit, an non? Quid enim, si res soluta fuerit? Et verum est, quod Pomponius lib.,7 ab Edictum scribit : si quidem pecuniam debet is, cujus nomen pignori datum est, exacta ea creditorem secum pensaturum : si vero corpus is debuerit et solverit, pignoris loco futurum apud secundum creditorem. »

Voici le sens de ce texte :

« Comme on a admis que la chose engagée peut être donnée en gage, le deuxième créancier est garanti par le *pignus* en tant que les deux créances restent impayées, et on doit lui donner aussi bien l'*exceptio* que l'*actio utilis* (*hypothecaria*, sous-entendu). Si le propriétaire a payé la somme due, le gage est éteint en même temps (aussi bien celui du premier gagiste par l'effet de la *solutio* que celui du second gagiste par l'effet de la *satisfactio*). Mais on peut se poser la question de savoir s'il faut donner ou non au deuxième créancier une action utile (hypothécaire) ayant pour objet les écus payés. En effet, que déciderait-on si c'était un *corpus* qui eût été payé? Pomponius est dans le vrai en écrivant dans son commentaire sur l'Édit : « Si le débiteur dont le *nomen* est engagé doit de l'argent, le créancier qui en exige le payement l'imputera sur sa créance; si au contraire c'est un *corpus* que doit le débiteur, il servira de gage au deuxième créancier. »

Ainsi, d'après Pomponius, le gagiste qui par l'exercice de son action utile s'est mis en possession d'un *corpus debitum* a le droit de retenir ce *corpus pignoris loco*. Que l'*oppignerator* lui-même, ou un tiers vienne le revendiquer, le gagiste se défendra à l'aide de l'*exceptio in rem hypothecaria*. De cette exception nous concluons à l'existence d'un droit de gage ; et de l'existence du droit de gage à celle d'une action hypothécaire, car, ainsi que nous l'avons démontré, le *pignus* n'est, en définitive, que l'action hypothécaire. Ce raisonnement nous conduit à la solution affirmative de la question de savoir si le créancier gagiste (ou le créancier sous-gagiste dans l'espèce proposée par Marcien) a une action hypothécaire *in rem* sur le *corpus debitum* payé par l'*oppigneratus*. Mais la question posée par Marcien a une autre face. Le gagiste est en possession, non plus d'un *corpus*, mais d'une *pecunia soluta*. Pomponius décide qu'il a un droit de compensation : ce qui veut dire, suivant notre explication donnée plus haut, qu'il acquiert droit de gage et possession à titre de gage sur les *nummi soluti*, par conséquent *exceptio*, par conséquent encore *actio in rem hypothecaria* ; ces trois droits se tiennent logiquement et n'en font qu'un. Marcien a donc voulu répondre affirmativement à la question qu'il s'est posée. Il le donne à entendre par ce « *quid enim* » qui ménage la transition entre une espèce simple et une plus délicate et rapproche deux solutions qui doivent être identiques. Remarquons de plus que les mots mêmes employés par Marcien concourent vers la solution unique insérée au texte. C'est à dessein qu'il dit « *nummi soluti* », et non *pecunia*, pour mieux faire saisir comment une somme d'argent peut être l'objet d'une action hypothécaire *in rem*, absolument comme elle peut l'être d'une action en revendication (L. 11, § 2 ; L. 14 ; L. 31, § 1, *De reb. cred.* — Inst.,

§ 2, *quib. alien. licet* (2, 8). C'est aussi à dessein qu'il n'a pas précisé le point de savoir si l'acquisition de propriété de la part de l'*oppignèrator*, laquelle constitue la *solutio* des *nummi*, s'est effectuée avec ou sans l'intermédiaire du gagiste ; il donne ainsi à entendre que dans les deux cas le même effet se produit ; à la place du premier gage qui s'éteint, une fois la dette acquittée, en naît un autre ayant pour objet la *res soluta*, protégé par l'action ou par l'exception hypothécaires suivant les cas, et assurant au gagiste la *satisfactio* qui met fin au *pignus nominis* ou au subpignus. Les Basiliques (B. xxv, 2 C. 13, § 2), pour arriver à la même décision, posent expressément le cas où c'est l'*oppignerator* qui a reçu le payement : « *Si vero debitum mihi* (c'est-à-dire *primo creditori*) *solutum sit, utraque hypotheca solvitur.* »

44. Mais, s'il en est ainsi, pourquoi Pomponius, au lieu de dire simplement « *pignus erit* », a-t-il employé l'expression *pignoris loco*, qui semble cacher un détour de pensée? Marcien nous en indique la raison. Ce n'est point une action directe qu'il accorde au gagiste sur les *res debitæ* (que ce soient des *corpora* ou des *nummi*), c'est seulement une *utilis actio*, ou *exceptio in rem hypothecaria*. Il ne lui donne point une action directe, parce que l'action ici repose sur une fiction ; le gagiste agit comme si l'objet entré dans le patrimoine de l'*oppignerator* par l'effet du payement était au moment de la convention de gage non pas seulement *res debita*, mais déjà *res soluta, res in bonis* pour l'*oppignerator*. Par une sorte de confirmation rétroactive, l'hypothèque a le même rang sur la *res soluta* que sur le *nomen*, et elle est effi-

cace, même si la *solutio* a lieu après la mort de l'*oppi-gnerator* (L. 29, § 1, *De P. et Hyp.*). C'est le contraire de ce qui se passe, lorsqu'une *res aliena* est donnée en gage, « *utiliter potest obligari sub conditione, si debitoris facta fuerit* », dit Marcien dans la loi 16, § 7, *De pig. et hyp.* L'hypothèque ne date alors que du moment de la réalisation de la condition, sans rétroactivité dans le passé. Si lors de la conclusion du contrat de gage, l'*oppignerator nominis* était déjà propriétaire de la *res debita*, que par exemple il eût engagé l'*actio depositi* et en même temps la *res deposita*, ce n'est plus l'action utile, c'est une action directe hypothécaire que le gagiste mettrait en jeu.

45. Nous venons d'essayer de prouver que la *res debita* est engagée avec le *nomen*. Il nous reste à démontrer que l'engagement de la *res debita* implique engagement du *nomen*.

Voici un texte d'Ulpien qui paraît très-formel en ce sens (L. 20, D., *De pig. et hyp.*). « *Cum convenit, ut is, qui ad refectionem ædificiorum credidit, de pensionibus jure pignoris ipse creditum recipiat, etiam actiones utiles adversus inquilinos accipiet, cautionis exemplo, quam debitor creditori pignori dedit.* » Dans ce texte ce ne sont pas les créances de loyers, ce sont les loyers eux-mêmes qui sont engagés : la convention de gage n'en donne pas moins naissance aux actions utiles contre les locataires. Donc l'*actio*, le *nomen* est engagé en même temps que la *res*.

Nous trouvons une autre preuve de l'engagement simultané de *a res debita* et du *nomen* dans les constitutions d'hypothèque en deuxième rang. La loi 15, § 2, *De pig. et hyp.*, nous donne les formules de ces constitutions d'hypothèque : « *ut in id, quod excedit priorem obligationem res sit obligata* » ou bien « *ut sit pignori hypothecæve id, quod pluris est, aut solidum, cum primo debito liberata res fuerit.* » Ces mots « *quod excedit priorem obligationem* » signifient non pas ce qui dépasse la première dette, mais ce qui dans la valeur de la chose dépasse le montant du premier *pignus*, ce que Tryphonin appelle (L. 20, D., *Qui pot.*) l'*hyperocha rei*. Le premier gagiste, en exerçant l'action hypothécaire, s'est mis en possession de cette *hyperocha*, mais elle est frappée du *pignus* du gagiste en deuxième ordre, qui a une action pour s'en saisir à son tour. Papinien parle en effet (L. 12, § 5, D., *Qui potiores*) d'une obligation de restituer l'*hyperocha* incombant au premier gagiste après la vente du *pignus* : « *Et quod superfluum ex anteriore credito accepit, hoc secundo restituat.* » Quelle est l'action donnée au deuxième gagiste? Papinien ne le dit pas. Nous croyons avec Cujas (ad Fr., 3 pr., *Qui pot. hop.*, t. IV, p. 1291) qu'il s'agit ici de l'action *hypothecaria utilis*, c'est-à-dire suivant notre théorie, de l'action *pigneratitia directa* compétant à l'*oppignerator* en vertu du contrat réel de *pignus* et que le deuxième gagiste met en mouvement à l'aide de la formule hypothécaire. Nous en concluons que lorsque l'*hyperocha rei* est engagée à un créancier, le *nomen* correspondant, c'est-à-dire l'action *pigneratitia in personam* ayant pour objet la restitution de l'*hyperocha* à l'*oppignerator*, est engagée en même temps, en un mot que le *nomen* est engagé avec la *res debita*. Ce qui prouve d'une façon décisive que c'est l'engagement de l'*hyperocha* qui a pour conséquence l'engagement de l'action, c'est que le premier gagiste, dans le contrat duquel n'ont pu figurer les formules indiquées plus haut, n'a point d'action *pigneratitia utilis* contre le deuxième gagiste, lorsque la vente du gage a été effectuée par ce dernier. C'est là le sens de ces mots de Papinien (L. 1, pr. D., *De distr. pign.*) : « *Sed ob eam rem in personam actio contra eum creditori, qui pignora sua requirit, non competit, nec utilis danda est.* »

46. Après ces explications il nous est facile de préciser les traits qui distinguent l'engagement d'une r*es debita* et celui d'une *res aliena* sous la condition « *si debitoris facta fuerit.* » Ici il s'agit d'une chose tout à fait étrangère au patrimoine de l'*oppignerator* ; là, d'une chose reliée à ce patrimoine par un *vinculum juris*, une obligation. Ici le gage commence après l'accomplissement de la condition ; là, dès la conclusion du contrat. Enfin dans le premier cas, et non dans le second, on peut, en vertu du principe formulé par Ulpien (L. 143, D., *De V. S.*), « *Id apud se quis habere videtur, de quo habet actionem,* » admettre la fiction que la propriété appartenait à l'*oppignerator* au moment du contrat pour fixer le rang des différents créanciers gagistes et pour empêcher que la mort de l'*oppignerator* avant le payment de la *res debita* ne rende le *pignus* inutile. La loi 1 pr. D., *De pig. et hyp.* nous donne un argument *a contrario* en ce sens.

47. Concluons en résumant ce que nous croyons avoir

démontré : que les mots *pignus nominis* et *pignus rei debitæ* sont synonymes ; que le *pignus nominis*, comme le *pignus rei debitæ*, donne au gagiste au moyen de la formule hypothécaire une action utile, qui lui procure un droit de gage sur la *res debita* payée, ou sur la *litis æstimatio* payée à la place de la *res :* que si la *res soluta* est un *corpus*, le gagiste la détient *pignoris loco ;* que, si c'est de l'argent, il l'impute sur sa créance.

§ II. *Deuxième partie de l'intentio.*

48. Nous passons à la deuxième partie constitutive de l'*intentio*, qui était ainsi conçue : « *(Si paret) nomen obligatum eo tempore quo convenit in bonis Numerii Negidii fuisse.* » Le rescrit d'Alexandre (L. 4, C., *Quæ res pign.*) nous en fournit une double preuve. En effet il présente d'abord l'action du gagiste contre l'*oppigneratus* comme une action utile (*utilibus actionibus compelletur*), c'est-à-dire comme une action « *ad exemplum* » *directæ actionis*, une action qui implique par conséquent l'existence d'une action directe *in bonis oppigneratoris*. L'action utile n'étant qu'un reflet de l'action directe, en résulte que l'*oppigneratus* n'est tenu envers le gagiste que « *quatenus ipse debet* » suivant l'expression de notre rescrit : Ce qui n'est qu'une application très-simple de la règle générale formulée par Paul dans la loi 175, § 1, D., *De reg. Jur.* « *Non debeo melioris conditionis esse quam auctor meus a quo jus in me transit.* » Cela doit s'entendre non-seulement du montant, mais encore de

l'échéance de la créance engagée. Si le gagiste pouvait agir avant cette échéance, il aurait plus de droit que l'*oppignerator*. Or, comme Papinien le dit spécialement dans la loi 3, § 1, *De pig. et hyp.*, « *non plus habere creditor potest quam habet qui pignus dedit.* » De même il sera soumis à toutes les exceptions qui seraient opposables à l'*oppignerator* lui-même (25). Aura-t-il en revanche tous les droits qu'avait l'*oppignerator?* Il aura tous les priviléges réels, c'est-à-dire ceux qui dérivent du *nomen* engagé, les *privilegia causæ*, mais il n'aura pas les priviléges attachés à la personne de l'*oppignerator*, les *privilegia personæ*. Ce sont les règles appliquées à la cession de créances, et plus généralement à toutes les mutations du droit d'exercer les créances, (L. 196, D., *De reg. Jur.*). Tout en rapprochant ainsi l'action du gagiste de celle du cessionnaire, le Droit romain ne les a pas cependant confondues. Toutes deux ont ce trait commun, très-riche en conséquences, qu'elles sont intentées par le demandeur en son propre nom pour exercer des droits qui lui sont propres sur la créance d'autrui, mais elles n'en restent pas moins deux actions distinctes dans leur fondement, dans leur organisation et dans leur but.

---

(25) Ajoutons ici cette restriction : «*Eo tempore quo convenit.* » Car le droit hypothéqué en règle générale doit avoir été *in bonis oppigneratoris eo tempore, quo convenit;* il est nécessaire et il suffit qu'il l'ait été dans ce moment-là. C'est sur ce point décisif que la formule appelle l'attention du juge. Entre autres conséquences de cette particularité, notons les suivantes, applicables à notre matière : 1º le créancier hypothécaire devra subir toutes les exceptions que l'*oppignerator*, au moment de la convention, n'aurait pu repousser. 2º Il est à l'abri de toutes celles qui seraient opposables à l'*oppignerator*, mais qui sont nées après la convention.

Pomponius (L. 59, D., *De evict.*) les rapproche sans les confondre : « *Si res, quam a Titio emi, legata sit a me : non potest legatarius conventus a domino rei venditori meo denuntiare : nisi ei cessæ fuerint actiones, vel quodam casu hypothecas habet.* » Une scholie des Basiliques (Sch. 4, Bas. xxiv, 3, c. 5, *Trad. Heimbach*) s'exprime ainsi : « *Qui tamen actionem emit, utique suo nomine eam movere potest. Similiter autem, qui nomen pignori accepit, potest etiam ipse agere, ut in hypothecaria didicimus.* »

49. En second lieu notre rescrit constate que l'action utile peut être dégagée de l'action directe et avoir une existence propre et indépendante : « *Nisi ei, cui debuit, solvit,* dit l'Empereur, *nondum certior a te de obligatione tua factus, utilibus actionibus satis tibi facere compelletur.* » Donc si le débiteur *oppigneratus certior factus est,* l'action du gagiste reste efficace malgré l'extinction de l'action directe. C'est la notification faite à l'*oppigneratus* qui produit ce résultat remarquable. Nous étudierons plus loin les règles et la nature de cette notification. Nous nous bornerons à dire ici que grâce à elle, le débiteur *oppigneratus* ne peut plus payer entre les mains de son créancier; s'il paye, il n'en reste pas moins tenu hypothécairement vis-à-vis du gagiste, c'est-à-dire dans notre théorie, que la *solutio* opérée entre les mains de l'*oppignerator* n'a plus vis-à-vis du gagiste l'efficacité d'une *satisfactio.* Ce qu'il nous importe surtout de faire remarquer, c'est que, dès que le débiteur *oppigneratus certior factus est,* l'action du gagiste prend une existence propre et indépendante; son sort n'est plus lié à celui de l'action

directe ; et la condamnation du débiteur, poursuivi hypothécairement quoiqu'ayant déjà payé à l'*oppignerator*,
est fondée sur ce fait resté incontestable malgré le payement « que le *nomen* engagé était au moment de la convention de gage *in bonis oppigneratoris*. » L'application
de ce chef de la formule hypothécaire au *pignus nominis*
se trouve ainsi expliquée et justifiée.

50. Nous venons de voir ce qui se passe lorsque l'*oppigneratus* paye entre les mains de l'*oppignerator* en dépit
de la *certioratio*. Nous sommes arrivés à cette conclusion
que le payement fait à l'*oppignerator* pour libérer l'*oppigneratus* doit assurer une *satisfactio* au créancier hypothécaire. Or, précisément par la *certioratio*, ce dernier
déclare non avenue la *satisfactio* produite par le payement. Nous dirons plus généralement que toute cause
d'extinction de la créance hypothéquée, postérieure à la
convention de *pignus*, et qui n'assure point une *satisfactio* au créancier hypothécaire, ne peut lui être opposée,
lorsqu'il exerce son action. Posons quelques espèces.
Prenons par exemple un cas de confusion : La dette de
l'*oppigneratus* et la créance de l'*oppignerator* se sont
confondues sur la tête de l'un d'eux. Que va-t-il arriver ?
S'il s'agit d'un *corpus debitum*, non-seulement l'*oppignerator* est devenu propriétaire du *corpus*, ou bien
l'*oppigneratus*, propriétaire du *corpus*, si la confusion
s'est produite sur sa tête, en est devenu l'*oppignerator*,
mais les faits se passent comme s'il y avait eu payement,
le créancier hypothécaire acquiert un *pignus* sur le *corpus*; le *pignus nominis* se trouve donc éteint puisqu'il y
a *satisfactio* pour le créancier hypothécaire, c'est-à-dire

acquisition d'un *pignus corporis* au lieu du *pignus no-minis*. — S'il s'agit d'une dette de quantité, d'un *nomen pecuniarium*, le rapport de créancier et de débiteur, d'*op-pignerator* et d'*oppigneratus*, disparaît par l'effet de la confusion, puisque l'un des termes de ce rapport fait dé-faut, mais il n'y a pas là une opération qui individualise pour ainsi dire un certain nombre de *nummi* et en puisse faire l'objet d'une action hypothécaire *in rem* de la part du créancier hypothécaire ; donc il n'y a pas *satisfac-tio* pour ce dernier, et le *pignus nominis* continue à exister.

51. De même, s'il y a eu compensation opérée entre la dette de l'*oppigneratus* et une dette de l'*oppignerator*, née au profit de l'*oppigneratus* depuis la convention de *pignus*, cette compensation ne peut nuire aux droits du créancier hypothécaire, car dans ce cas encore, dans ce payement fictif qui constitue la compensation, nous ne trouvons point les éléments d'une *satisfactio*. Ici non plus il n'y a point individualisation d'une certaine quantité d'objets déterminés *in specie*, qui puissent servir d'as-siette à une action hypothécaire *in rem*. Donc le *pignus nominis* et l'action hypothécaire personnelle subsistent.

52. Une remise de dette, une novation intervenues entre l'*oppignerator* et l'*oppigneratus* après la conven-tion de *pignus* ne peuvent nuire davantage au créancier hypothécaire. Mais s'il y a eu procès et jugement, nous ne pouvons donner une solution aussi absolue. Car nous lisons dans un texte de Macer, inséré au titre de *Re jud.* T. 63, D. « *Scientibus sententia, quæ inter alios data est obest, quum quis de ea re, cujus actio vel defensio*

*primum sibi competit, sequenti agere patiatur : velut si
creditor experiri passus sit debitorem de proprietate pignoris.* » Bien que le jurisconsulte ne parle que d'un
creditor ayant un *pignus rei*, il nous paraît juste d'étendre cette décision au *creditor* muni d'un *pignus nominis*.
Il résulte du texte de Macer que le créancier hypothécaire, s'il connaît le procès, doit y intervenir. Nous en
concluons que l'*oppignerator*, *dominus litis*, n'y représente pas le créancier. Ulpien consacre cette conclusion
en décidant que l'*oppignerator* peut poursuivre judiciai-
rement sa créance, bien qu'il l'ait hypothéquée, sans avoir
à fournir la caution « *creditorem rem ratam habiturum.* »
Ce créancier n'est pas un de ceux *ad quos ea res pertinet.*
Tel est suivant nous le sens de la loi, 39, § 2, D. *De
procur.*, ainsi conçue : « *Quæritur apud Julianum, utrum
dominum solum ratam rem habere debet satisdare, an
etiam cæteros creditores ; et ait, duntaxat de domino
cavendum ; nec illis verbis, ad quem ea res pertinet,
creditores contineri : nam nec ipsi domino hæc incumbe-
bat cautio.* » Pourquoi cette décision d'Ulpien ? C'est que
le créancier hypothécaire (nous n'avons pas à parler ici
des chirographaires), a un droit indépendant de celui
de l'*oppignerator*, droit fondé précisément sur ces mots
de la formule hypothécaire « *si paret eam rem in bonis
oppigneratoris fuisse* » et que l'*oppignerator* ne peut par
ses actes passés après la convention de gage compromettre ce droit. Cela reste vrai qu'il s'agisse d'une *res*,
ou d'un *nomen* hypothéqué. Donc nous sommes fondés
à dire, conformément au texte de Macer, que si l'*oppignerator* et l'*oppigneratus* plaident ensemble, et que le

créancier gagiste ait eu connaissance du procès sans intervenir, ce dernier sera, sur son action hypothécaire ultérieurement intentée, repoussé par l'exception de dol ; son silence sera considéré comme une adhésion tacite au jugement. Mais en dehors de ce cas, et encore, dans ce cas même, faut-il faire une réserve s'il y a eu collusion entre l'*oppignerator* et l'*oppigneratus* (L. 5, C., *De pign. et hyp.*), le créancier hypothécaire garde son droit d'action intact malgré le procès intenté par l'*oppignerator*, et n'a pas à craindre les exceptions *rei in judicium deduetæ* ou *rei judicatæ* auxquelles l'*oppignerator* serait soumis.

53. En un mot; dans toutes ces hypothèses nous appliquons les règles en vigueur pour le *pignus rei* : celui qui obtient un *pignus nominis* est bien l'ayant cause de celui qui le lui confère, mais il n'est ayant cause que pour ce qui a précédé la concession et ce qui se passe ensuite, soit dans une convention, soit dans un procès, est pour lui *res inter alios acta vel judicata* C'est grâce à cette partie de la formule que nous venons d'étudier, que le créancier, ayant hypothèque sur un *nomen*, acquiert une sûreté indépendante du crédit personnel du débiteur. Grâce à elle encore un créancier ne peut hypothéquer une créance qu'il a cédée ; ni céder une créance qu'il a hypothéquée, si ce n'est *cum sua causa*, c'est-à-dire, sans préjudice de l'hypothèque antérieure (26).

(26) Dernburg (op. cit., p. 468) croit que s'il y a eu vente de la créance après la convention de gage et que l'acheteur se soit mis en possession de la *res debita*, le créancier hypothécaire n'aura pas de *pignus* sur cette res. Car, dit-il, l'acheteur acquiert directement la propriété du *debitor cessus*, sans que nous puissions penser qu'elle passe d'abord sur la tête du vendeur. Cette opinion ne nous paraît pas fondée. L'ache-

Grâce à elle enfin on peut faire valoir une hypothèque sur sa propre créance, lorsqu'après la convention d'hypothèque il y a eu réunion sur la même tête de la propriété et de l'hypothèque de la créance, ou pour parler plus exactement, du droit complet et du droit restreint correspondant pour les créances à la propriété et à l'hypothèque.

§ III. *Troisième partie de l'intentio.*

54. La troisième partie de l'*intentio* présente une série d'exceptions conçues en forme de négations : « *Si paret debitum non solutum esse, neque eo nomine satisfactum, neque per creditorem Aulum Agerium stare quominus solvatur satisve fiat.* »

55. I. Parlons d'abord du payement « *debitum non solutum esse.* »

Nous trouvons cette exception mentionnée dans le rescrit d'Alexandre, où nous lisons : « *Si debitor is satis non fecerit, cui tu credidisti.* » *Satisfacere,* pris ici dans le sens large, comprend aussi la *solutio.* Notre rescrit y fait encore allusion en disant : « *Satisfacere usque ad id, quod tibi deberi a creditore ejus probaveris compelletur.* » L'hypothèse à laquelle s'applique la décision impériale est celle de deux créances d'argent, dont l'une, la

teur, en effet, n'est qu'un *procurator;* bien qu'il le soit *in rem suam*, il n'en est pas moins investi de la propriété par le seul effet de la renonciation du vendeur à cette propriété qui d'abord passe sur sa tête.

créance hypothéquée, est plus forte que l'autre, la
créance garantie. Supposons que la créance hypothéquée soit de 1,200, la créance garantie de 1,000. L'*oppigneratus* n'a qu'à payer 1,000, et il pourra opposer
l'exception de payement à l'action utile du créancier hypothécaire demandant *satisfactio*, c'est-à-dire payement
de 1,200, montant de la créance hypothéquée. Il n'est
donc pas forcé de payer plus qu'il n'est dû par l'*oppignerator* au créancier hypothécaire, c'est-à-dire plus de
1,000 ; mais, s'il le préfère, il peut se libérer intégralement de sa dette envers l'*oppignerator* en payant 1,200
entre les mains du créancier gagiste. Cette faculté s'explique parce que le défendeur, dans toute action hypothécaire, peut, à son choix, ou purger la *res* hypothéquée en désintéressant le créancier, ou subir la condamnation, « *quanti ea res est,* » Or, le demandeur, à qui
l'*oppignerator* a hypothéqué une créance de 1,200, conclut au payement de 1,200. Il n'y a donc aucune raison
pour empêcher que l'*oppignerator*, désirant d'éviter les
inconvénients d'un payement divisé, ne paie l'intégra-
lité de sa dette au créancier hypothécaire en lui laissant
le soin de restituer l'*hyperocha* à l'*oppignerator* ou à un
créancier hypothécaire en deuxième rang. Aussi lisons-
nous dans les *Basiliques* à propos du créancier hypothécaire : « *Tantum consequeris, quantum tibi debetur, vel
quantum ille debet.* »

56. Si le créancier hypothécaire ne reçoit de l'*oppigneratus* que ce qui lui est dû, le *pignus nominis* s'éteint
par suite de ce payement fait au nom de l'*oppignerator*,
comme si ce dernier eût payé lui-même. L'*oppignerator*

va donc pouvoir exercer sa créance désormais libérée de l'hypothèque. Cela n'est pas douteux. Mais, de son côté, l'*oppigneratus*, en payant, a géré l'affaire de l'*oppignerator*; de ce chef il peut exercer l'action *negotiorum gestorum* (3. C., *De neg. gest.*; L. 43-45, § 2, D., *De neg. gest.*); il l'opposera en compensation au moyen de l'exception de dol, du moins suivant les règles du droit antéjustinien. C'est ce qu'expriment les *Basiliques* dans les termes suivants (*Bas. XXV*, I, c. XVIII pr., *trad.* Heimbach): « *Et si debitor meus conveniat debitorem suum, qui mihi solvit, summovetur exceptione.* »

57. II. En ce qui concerne la *satisfactio* « *neque eo nomine satisfactum,* » notre rescrit nous dit d'abord en parlant de l'*oppignerator*: « *Si debitor is satis non fecerit, cui tu credidisti,* » puis en se référant à l'*oppigneratus* « *nisi ei cui debuit solvit, nondum certior a te de obligatione tua factus, utilibus actionibus satis tibi facere compelletur.* » Dans la première phrase, le mot « *satisfecit* » désigne toute espèce d'extinction de l'hypothèque; dans la seconde, au contraire, la *satisfactio*, présentée comme un acte auquel l'*oppigneratus* est obligé, ne peut être que la *solutio* due par lui à l'*oppignerator*, son créancier, *solutio* qui, pour le créancier hypothécaire, a l'efficacité d'une *satisfactio*, car elle lui procure, ainsi que nous l'avons établi déjà, un *pignus* sur la *res debita*, qui remplace son *pignus nominis* désormais éteint. Le créancier hypothécaire et l'*oppignerator*, en contractant, ont forcément agréé d'avance ce mode de *satisfactio;* autrement ils se seraient heurtés contre l'impossible. Car l'*oppigneratus* a le droit de se libérer; ce droit ne peut

lui être enlevé sans son consentement ; or il ne joue ici qu'un rôle tout à fait passif ; donc, en règle générale, la *solutio* effectuée par l'*oppigneratus* entre les mains de l'*oppignerator* ou du créancier gagiste qui le représente, produit l'effet d'une *satisfactio*. Mais il y a un cas où l n'en est pas ainsi : c'est lorsque la *solutio* est effectuée directement entre les mains de l'*oppignerator*, en dépit de la *certioratio* faite à l'*oppigneratus* par le créancier gagiste. Telle est du moins la conclusion que nous devons tirer par un argument *a contrario* du passage cité plus haut : « *Nondum certior factus solvit.* » Quelle est la portée de cette *certioratio ?* C'est un acte par lequel le créancier hypothécaire fait défense à l'*oppigneratus* de payer directement à l'*oppignerator* et lui signifie son intention de réaliser lui-même la créance, à l'aide de son action utile. Ainsi averti, l'*oppigneratus*, en payant à l'*oppignerator*, se rend coupable de dol envers le créancier hypothécaire ; car ce dernier pouvait avoir intérêt à acquérir directement de l'*oppigneratur* la possession de la *res debita*. Donc, pour répondre à l'exception « *si paret non eo nomine satisfactum esse*, » exception fondée dans les cas ordinaires sur le payement fait directement à l'*oppignerator ;* il fera insérer dans la formule hypothécaire une *replicatio doli*, et l'*oppigneratus* devra payer une deuxième fois.

58 Étudions d'un peu plus près la nature de la *certioratio*. C'est, avons-nous dit, une déclaration de volonté : elle émane du créancier hypothécaire, *certior a te factus* dit le rescrit d'Alexandre. Elle est en effet pour lui du plus grand intérêt. Le *nomen* n'étant autre chose qu'une

relation juridique entre deux ou plusieurs personnes, il est très-facile de l'anéantir en mettant fin à cette relation. Si le débiteur n'est pas instruit de la convention d'hypothèque, le *nomen*, et la valeur qu'il représente, seront à la merci du créancier qui, en éteignant le *nomen*, ne fera qu'user de son droit vis-à-vis de son débiteur. Sans doute, après le payement, le *pignus nominis* va se transformer en *pignus rei solutœ*; mais l'*oppignérator* peut être de mauvaise foi et dissiper les *nummi*, ou détériorer le *corpus solutum*; et alors ce dédommagement justifié en théorie, sera illusoire en fait. On n'aurait donc pu, sans la *certioratio*, fonder une garantie solide sur une base aussi fragile que le *nomen*. La *certioratio* fixe pour ainsi dire la créance ; le débiteur ne peut plus payer à son créancier sous peine de payer deux fois ; il sait qu'il doit répondre à l'action du créancier hypothécaire, et ne payer qu'entre ses mains. Remarquons toutefois une grande différence, quant aux effets, entre cette *certioratio* et la *denunciatio* qui intervient en matière de cession de créances. Dans ce dernier cas, le droit du créancier cédant est anéanti d'une façon définitive, et le cédé n'est plus tenu qu'envers le cessionnaire ; dans celui qui nous occupe, le droit du créancier *oppignerator* n'est que provisoirement suspendu ; l'*oppigneratus* le repousse par une exception simplement dilatoire, car il se peut que plus tard, la créance garantie étant éteinte, il soit obligé de payer à son créancier. C'est ce que dit Paul en ces termes : « *Qui autem temporalem exceptionem timet, similis est conditionali creditori.* (L. 55, D. *De verb. sig.*) Vis-à-vis du créancier hypothécaire, l'*oppigneratus* n'est tenu que conditionnellement ; nous le savons déjà par la formule de l'action hypothécaire. En définitive, la *certioratio* est une simple mesure conservatoire ; elle protége les droits acquis, mais elle n'en fait pas naître de nouveaux. Paul (L. 18 pr. *D. De pig. act.*) indique nettement quelle est la situation des parties, lorsque *l'oppigneratus* « *certior factus est :* » « *si convenerit*, dit-il, *ut nomen debitoris mei pignori tibi sit, tuenda est à Prœtore hæc conventio, ut et te in exigenda pecunia, et debitorem adversus me, si cum eo experiar, tueatur.....* »

59 La *certioratio* est-elle soumise à des formes spéciales ? Huschke, dans sa dissertation « *De pignore nominis*, » soutient la négative. Nous reconnaissons avec lui que sous Justinien il a dû en être ainsi. Mais n'y a-t-il pas eu, en cette matière aussi, un développement historique qu'il faut chercher à mettre en lumière ? Un texte de Scœvola qui forme la loi 8, *D. De lege commiss.*, nous le ferait assez croire. Dans ce fragment il s'agit d'un acheteur qui devait payer son prix à une échéance déterminée ; au jour dit, il se présente avec l'argent, mais le vendeur fait défaut ; l'acheteur garde alors l'argent dans un sac cacheté. Le lendemain il est requis devant témoins (*testato conventum*) au nom du fisc « *ne ante mulieri (Sc. venditrici) pecuniam exsolveret quàm fisco satisfaceret.* » Ce dernier mot nous autorise à penser que le fisc se présentait ici comme créancier, et faisait valoir sur le *nomen* le droit de gage général qui lui appartient (L. 46, § 3, *D. De jure fisci.*) Cette *testato conventio* est bien ce même acte dont parle notre rescrit sous le nom de *certioratio*, et la synonymie des mots « *testato conventio* et *denuncia-*

tio, » nous permet de rapprocher la *certioratio* elle-même de la *denunciatio*, c'est-à-dire de la notification usitée en matière de cession de créances.

Cette *denunciatio* primitivement dut se confondre avec la *litis denunciatio*, qui depuis Marc Aurèle servit d'introduction aux procès. En effet, dans cette *litis denunciatio*, le créancier hypothécaire exprimait son intention d'exercer l'action hypothécaire pour se mettre en possession de la *res debita*. Or, dans la *certioratio*, c'est précisément cette même intention que le créancier hypothécaire manifeste. Il est vraisemblable que lorsque la *litis denunciatio* ne fut plus en usage, ce fut la *certioratio*, formalité non solennelle, qui la remplaça. La *certioratio* est tout simplement une déclaration de volonté soumise à la seule condition d'être digne de foi, et qui peut se présenter sous les formes les plus variées.

60. C'était un point très-discuté parmi les anciens auteurs que de savoir si la *certioratio* est indispensable, et si la « *sola scientia debitoris* » ne serait pas suffisante pour produire les mêmes résultats. Le *rescrit* d'Alexandre parle expressément d'une *certioratio*, mais on objecte la loi 17, *D. De trans.*, qui fournirait en effet un argument *a contrario*, s'il était prouvé qu'il s'occupe de notre cas. Or, dans ce texte, Papinien, tout en parlant de l'*ignorantia debitoris*, ne nous dit pas en quoi elle consiste, ce qui est précisément la difficulté à résoudre. On invoque aussi quelquefois, mais à tort, ces derniers mots de la loi 1 § 1, *D. De act. E. et V.* : « *Neque certiorari debuit, qui non ignoravit.* » Ulpien, dans ce texte, prévoit une espèce où il a lieu de faire connaître un sim-

ple fait ; tandis qu'ici il s'agit de notifier à *l'oppigneratus* une défense de payer à *l'oppignerator*. Il n'y a pas d'analogie entre les deux cas. La *certioratio* est donc une formalité indispensable.

Les explications qui précèdent nous permettent d'aborder une question d'autant plus délicate que les textes ici nous font défaut. Il s'agit de savoir si pour appliquer la règle « *prior tempore, potior jure,* » règle fondamentale en matière hypothécaire, nous devons donner pour point de départ au droit la convention de gage, ou la *certioratio*. En d'autres termes, un créancier, à qui le *nomen* aura été hypothéqué le 15 janvier, primera-t-il le créancier à qui ce même *nomen* avait été hypothéqué le 1er janvier, parce que ce dernier n'aura rempli la formalité de la *certioratio* que le 20 janvier, ou ne l'aura pas accomplie du tout, tandis que le premier l'aura remplie le 16 ? Nous n'hésitons pas à nous prononcer pour la négative. Car il n'y a point de texte qui attribue à la *certioratio*, comme l'art. 2075, cod. Nap. à la signification, cet effet considérable de fonder définitivement le droit d'hypothèque à l'égard des tiers. En l'absence d'un texte, nous devons nous en tenir au principe. « *Nemo plus juris transferre potest quam ipse habet.* » Or, le débiteur après avoir hypothéqué une première fois le *nomen*, ne pouvait plus constituer d'hypothèque que sur *l'hyperocha*, c'est-à-dire, sur le surplus de ce qui dans la *res debita* était nécessaire pour désintéresser le premier créancier hypothécaire ; ou bien, si la créance hypothéquée n'est pas plus forte que la créance garantie, la constitution d'hypothèque au profit d'un second créancier ne peut être qu'un contrat conditionnel donnant une sûreté éventuelle pour le cas où, par une cause quelconque, le *pignus* du premier créancier viendrait à s'éteindre. La *certioratio*, intervenant à une date ou à une autre, ne saurait changer cette situation juridique. Si l'*oppigneratus*, après avoir reçu la *certioratio* émanée d'un deuxième créancier hypothécaire, est poursuivi par le premier qui prouve la priorité de son droit et par conséquent son droit de préférence, il n'a aucune raison pour se refuser à payer entre ses mains. Si au contraire il a payé au deuxième créancier hypothécaire, il se produit le même effet que s'il avait payé à l'*oppignerator*, car ce deuxième créancier ne peut avoir plus de droits que son auteur. Or nous savons que le payement effectué entre les mains de l'*oppignerator* est pour le créancier hypothécaire une *satisfactio*, en ce sens qu'au lieu du *pignus nominis* il acquiert un *pignus* sur la *res soluta*. Donc le premier créancier hypothécaire aura un *pignus* sur la *res* payée au deuxième créancier. Le seul et unique effet de la *certioratio*, nous le répétons avec la loi 4, C., *Quæ res pign.*, qui est notre guide constant, c'est de donner au créancier hypothécaire *prior tempore*, qui a rempli cette formalité très-simple, le droit de poursuivre avec son action utile l'*oppigneratus*, sans que ce dernier, bien qu'il ait déjà payé à l'*oppignerator*, ou à un créancier hypothécaire postérieur en date, puisse invoquer le deuxième chef de l'exception. « *Si paret non eo nomine satisfactum esse;* » en un mot, c'est de fixer la créance entre les mains de l'*oppigneratus* au profit du créancier hypothécaire *prior tempore*. Ce créancier devra prouver la priorité de son droit ; si l'*oppigneratus* n'en avait pas la certitude absolue, il ne payerait pas sans se faire donner caution (1). Qu'il y ait dans un pareil système de graves dangers pour les tiers, qui croiront avoir une hypothèque en premier rang et seront primés par des créanciers dont l'*oppigneratus* aussi bien qu'eux mêmes ignoraient l'existence, nous ne saurions le nier. Mais le *pignus rei* nous présente des résultats analogues. C'est la conséquence inévitable de l'imperfection souvent constatée du système hypothécaire romain au point de vue de la publicité. L'organisation juridique du crédit réel ne fut même pas ébauchée par les Romains : ne nous étonnons donc pas de trouver sous ce rapport une lacune dans l'institution que nous étudions. L'empereur Léon par un rescrit de l'an 469 essaya de remédier à cet état de choses, mais d'une façon bien insuffisante. Il décide « ..... *Eum qui instrumentis publice confectis nititur præponi, etiamsi posterior is contineatur.....* (T. II, C., *qui potiores in pig.*). Ce rescrit étant conçu en termes généraux, nous l'appliquerons au *pignus nominis* comme à tout autre *pignus.*

62. III. Enfin nous arrivons au dernier chef des exceptions insérées dans l'*intentio* de la formule : « (*Si paret*) *per creditorem Aulum Agerium non stare quominus solvatur satisve fiat.* » L'idée en est indiquée en germe dans le rescrit d'Alexandre. L'Empereur déclare libéré

----

(1) Suivant Dernburg (op. cit., p. 473) les différents prétendant droit au *pignus nominis*, ayant d'attaquer l'*oppigneratus*, s'adressaient au préteur qui *extra ordinem* réglait la question préjudicielle de savoir lequel d'entre eux avait la priorité. Il appuie son opinion sur les lois 28 et 55, *De procur.*, qui nous paraissent peu explicites en ce sens.

de toute poursuite ultérieure l'*oppigneratus* qui est prêt à payer la créance garantie par l'hypothèque. « *Satis tibi facere usque ad id, quod tibi deberi a creditore ejus probaveris, compelletur.* » Donc si le créancier hypothécaire refuse le payement qui lui est offert, il est vrai de dire que *per eum stat quominus solvatur*, et s'il poursuit l'*oppigneratus*, il sera repoussé par l'exception insérée dans la formule hypothécaire. De même, si après avoir rempli la formalité de la *certioratio*, après avoir par conséquent interdit à l'*oppigneratus* de payer à l'*oppignerator*, il refuse de recevoir à titre de *satisfactio* le payement de la créance de l'*oppignerator*, il est vrai de dire que « *per eum stat quominus satisfiat*, » et il tombera encore sous le coup de l'exception insérée dans la formule. C'est l'application pure et simple de la maxime. « *In omnibus causis pro facto accipitur id, in quo per alium moræ fit quominus fiat.* » (*Pomponius*, L. 39, D. de R. J.).

§ 4. *Conclusion.*

63. Nous croyons dans les pages précédentes avoir démontré que l'action utile donnée au créancier garanti par un *nomen* est l'action du titulaire de la créance, exercée sous la forme hypothécaire ; nous croyons, en interprétant la loi 4, C. *quæ res pignori*, à l'aide de la formule hypothécaire, être resté fidèle à l'esprit et au sens strict des mots de ce texte. L'opinion des auteurs qui voient dans le *pignus nominis* une simple cession conditionnelle, et appliquent en cette matière les règles de la

cession se trouve réfutée par notre seul exposé. Car dès qu'il est possible, en respectant les textes, d'appliquer au *pignus nominis* les principes de l'hypothèque, pourquoi irions-nous emprunter à la cession son nom, ses conditions, ses effets pour cacher sous ce déguisement étranger une institution qui a son existence propre. Ce serait faire une confusion impardonnable, puisqu'elle n'aurait plus l'excuse d'être utile pour l'interprétation des textes.

64. Cette conclusion nous conduit aux décisions suivantes :

1° Les lois qui prohibent la cession *in potentiorem* (L. 2, C., *Ne lic. in potent.*), la cession des créances d'un pupille à son tuteur (nov. 72, C. 5), la cession des créances litigieuses (L. 2, L. 4, C., *De litig.*) doivent rester étrangères à la matière du *pignus nominis*.

2° Le *nomen*, malgré la constitution d'hypothèque est resté *in bonis oppigneratoris;* si nous assimilions le *pignus* à l'*emptio venditio*, nous devrions dire au contraire que le *nomen* est passé dans le patrimoine du créancier hypothécaire.

3° Le créancier hypothécaire peut sans doute libérer l'*oppigneratus* par voie de novation, de remise de dette, ou de compensation, mais seulement jusqu'à concurrence de la valeur qu'il serait en droit de compenser avec son *obligatio restituendi* vis-à-vis de l'*oppignerator*, c'est-à-dire jusqu'à concurrence du montant de la créance garantie. Si, par exemple, la créance garantie est de 1000, la créance hypothéquée de 1200, le créancier hypothécaire ne pourra nover, ou faire un pacte de remise, ou compenser, que jusqu'à concurrence de 1000, car c'est une règle particulière au *pignus* que « *creditor sine debitore causam pignoris deteriorem facere non potest.* » (Paul, *Sent. IV*, 12, § 6). S'il s'agissait d'un cessionnaire, il est évident qu'il pourrait au contraire disposer à son gré de la créance cédée.

4° Plusieurs auteurs pensent que le créancier hypothécaire pourra exercer son action avant l'échéance de la créance garantie. Nous ne saurions partager leur opinion. Nous refusons ce droit à tout créancier hypothécaire, qu'il ait un *pignus rei* ou un *pignus nominis*. Les auteurs dont nous parlons, Trotsche, Schmid, entre autres invoquent la loi 14, pr. D., *De pig. et hyp.*, ainsi conçue : « *Quæsitum est, si nondum dies pensionis venit, an et medio tempore persequi pignora permittendum sit? Et puto dandam pignoris persecutionem.....* » Ulpien semble bien consacrer ici l'étrange anomalie d'une action subsidiaire pouvant être intentée quand l'action principale n'est pas encore née. Mais, depuis les savantes recherches de M. Machelard, (*Théorie des interdits*, p. 125), il ne peut être mis en doute que la *pignoris persecutio*, donnée par Ulpien au créancier, ne soit l'interdit Salvien, simple action conservatoire de l'hypothèque.

5° Le créancier à qui un *nomen* a été hypothéqué est-il soumis à l'exception de discussion? Devra-t-il d'abord s'adresser au principal débiteur? Cette question très-discutée est résolue diversement d'un côté par ceux qui voient dans le *pignus nominis* une cession; de l'autre, par ceux qui y voient une véritable constitution d'hypothèque. Il y a, du reste, des transfuges dans les deux camps. Les premiers soutiennent qu'il ne peut y avoir au profit de l'*oppigneratus* d'exception de discussion, parce qu'on ne lui demande que ce qu'il doit : peu lui importe en définitive de payer à l'*oppignerator* ou au créancier hypothécaire; les charges qui pèsent sur lui n'en sont pas aggravées. — Nous répondons avec les derniers qu'il n'y a pas lieu de refuser à l'*oppigneratus* le bénéfice de l'exception de discussion. D'abord, en fait, il est inexact de dire que la position de l'*oppigneratus* n'est pas aggravée, si au lieu de le soumettre à l'action du créancier après le débiteur principal qui peut-être paierait la dette, on lui fait supporter directement tout le poids de l'obligation garantie. En outre, l'exception de discussion est de droit commun en matière hypothécaire; elle est fondée précisément sur le caractère subsidiaire du *pignus*. Même si l'on considère le *pignus* comme une cession conditionnelle, ce caractère ne disparaît pas; il s'accuse au contraire d'une façon très-nette dans la condition opposée à la cession. L'exception de discussion est la conséquence logique de ce caractère. Les jurisconsultes romains ont pu méconnaître longtemps cette conséquence, comme nous le voyons dans nombre de textes, particulièrement dans les lois 10 et 24, C., *De pig. et hyp.*, mais du moins Justinien l'a-t-il proclamée dans la novelle 4. Il paraît hors de doute que dans cette Novelle Justinien a voulu étendre à tous les débiteurs le privilége qui, avant lui, n'était donné que contre le fisc agissant en vertu de son hypothèque tacite (L. 4, C., *Quando fiscus*. — L. 47, pr. D., *De jure fisci*). Cependant le

texte de Justinien, confus comme tous les textes émanés
de lui, n'est pas sans avoir soulevé quelques difficultés.
Voici en quels termes il est conçu : « *Sed neque ad res
debitorum, quæ ab aliis detinentur, veniat prius, ante-
quam transeat viam super personalibus contra mandatores et fidejussores et sponsores ; sicque ad res veniens
principalis debitoris, sive ab alio detineantur, et deti-
nentes eas conveniens, si neque inde habuerit satisfac-
tionem, tunc veniat adversus res fidejussorum et man-
datorum et sponsorum. Idem enim est dicere, vel si
quosdam habuerint homines ipsis sibimet obligatos et qui
hypothecariis actionibus sibi teneri possint.* » La portée
de ce texte dépend du sens donné aux mots « *Idem enim
est dicere.* » Cujas a essayé de porter la lumière dans
les obscurités du style de Justinien. Voici son interprétation : « Il en faut dire autant des débiteurs (si ceux
dont on vient de parler « *debitores, fidejussores, mandatores...* » en ont) ; c'est-à-dire qu'ils pourront opposer
l'exception de discussion à l'action hypothécaire du
créancier. Nous supposons, bien entendu, que le débiteur principal, ou les *fidejussores*, ou les *mandatores*
ont hypothéqué les créances qu'ils pouvaient avoir sur
les débiteurs poursuivis ; en un mot, il s'agit ici de débiteurs *oppignerati* (Cujas, ad L. 18, pr. D., *De pig. act.
et in observ.*, L. VIII, c. 19). Cette dernière petite phrase
de notre texte a donc absolument le même sens que la
loi 4, C., *Quando fiscus vel privatus*, laquelle s'exprime
ainsi : « *Non prius ad eos, qui debitoribus fisci nostri
sunt obligati, actionem fiscalem extendi oportere, nisi
patuerit, principales reos idoneos non esse, certissimi*

juris est » (*Imp. Diocletianus et Maximianus*, 293).
D'où Cujas a pu conclure avec raison que Justinien avait
généralisé les principes suivis en matière d'action fiscale.
Huschke (*De nominis pignore*, p. 55), qui n'accorde pas
comme nous le bénéfice de discussion au débiteur *oppigneratus*, repousse cette conclusion par la seule raison
que Justinien ne dit pas un mot du fisc dans sa novelle ;
il n'accepte pas non plus l'interprétation sur laquelle
l'appuie Cujas. Voici celle qu'il propose. Justinien, selon
lui, a voulu simplement indiquer le mode d'application
du bénéfice de discussion qu'il organisait ; avant d'en
venir aux tiers-détenteurs des choses hypothéquées, le
créancier devra poursuivre les débiteurs du débiteur
principal, puis ceux des fidéjusseurs, et ainsi de suite.
Etait-ce bien utile à dire? Dès qu'il y a lieu de discuter
un débiteur, ne va-t-il pas de soi qu'on poursuivra les
débiteurs de ce débiteur, en d'autres termes qu'on s'oc-
cupera de recouvrer les créances composant son actif?
Nous croyons donc qu'il n'y a pas à hésiter entre les
deux interprétations, surtout en présence d'une scholie
des Basiliques qui confirme celle de Cujas d'une façon
éclatante. Le texte des Basiliques est le suivant : « *Uxor,
cui dos debetur, adversus hæredem mariti agere debet,
non adversus mariti debitores* » (Basil. XXIV, 7, c. 3,
Trad. Heimbach). Nous lisons dans la scholie 1 cette
réserve : « *Nisi bona mariti non sufficiunt.* » Or, d'un
côté, la femme ne peut avoir d'action pour sa dot contre
les débiteurs de son mari mort que grâce à son hypothèque générale, hypothèque qui comprend aussi les créances, ainsi que nous le montrerons *infra* (L. 1, § 1, C.,

De rei uxor, act. — L. 12, pr.; § 1, C., *Qui pot.*). D'un autre côté pourquoi la scholie réserve-t-elle cette action pour le cas où les biens du mari seraient insuffisants? Parce que dans le cas contraire les débiteurs auraient précisément l'exception de discussion établie par Justinien (*Comp. Schmid, op. cit.*, p. 140).

6° Enfin nous appliquerons au *pignus nominis*, lorsqu'il s'agira d'un *pignus* privilégié, la règle « *potior causa, potior jure.* » Ce qui ne pourrait avoir lieu, si nous traitions le *pignus nominis* comme une simple *emptio venditio*.

SECTION IV

§ UNIQUE. DU DROIT DE VENTE

65. Nous passons à l'étude du deuxième droit conféré au créancier par le *pignus nominis*, du *jus distrahendi*.

Gesterding (*die Lehre vom Pfandrecht*, p. 77) lui refuse ce droit; il prétend qu'en matière de *pignus nominis* ce *jus distrahendi* se confond avec le *jus exigendi* que nous venons d'analyser; que la loi 18 pr. *De pig. act.* nous parle bien d'une TUITIO PRÆTORIS accordée au *pignus nominis*, mais seulement « IN EXIGENDA PECUNIA; » qu'en fait le créancier n'a pas intérêt à vendre le *nomen*, car il le vendra souvent au-dessous, en tout cas jamais au-dessus de sa valeur. Pour réfuter ces objections nous laisserons la parole aux jurisconsultes romains eux-mêmes. Voici ce que dit Ulpien dans la loi 15, § 10, D., *De re judic.* : « *Item quid dicemus? Utrum ipsi judices convenient nomen, exigentque id quod debetur, et in causam judicati convertent; an vero vendent nomen, ut pignora corporalia solent? Et necesse est, ut* QUOD EIS FACILIUS VIDEATUR AD REM EXSEQUENDAM, *hoc faciant.* » Ainsi Ulpien non-seulement distingue le *jus exigendi* et le *jus distrahendi*, mais encore reconnaît formellement qu'il peut y avoir intérêt à exercer l'un ou l'autre de ces droits. Il s'agit, il est vrai, dans le texte d'Ulpien d'un *pignus nominis in causa judicati captum*, mais tous les interprètes s'accordent à penser que sur ce point il n'y avait pas pour cette sorte de *pignus* de règles particulières.

66. Ici se présente un second texte qui est loin d'être aussi clair que le précédent.

Imp. Dioclet. et Maxim. A. A. Manassæ (L. 7, C., *De hæréd. vel act.*).

« *Postquam eo decursum est, ut cautiones quoque debitorum pignori dentur, ordinarium visum est, post nominis emptionem utiles emptori (sicut responsum est) vel ipsi creditori postulanti dandas actiones.* »

Essayons de préciser le sens de ce fragment qui a donné lieu à bien des discussions. Le créancier hypothécaire, en vertu de son *pignus*, a vendu le *nomen* : quels rapports de droit cette vente va-t-elle faire naître ? Pour résoudre cette question il est assez vraisemblable que les empereurs se soient référés aux règles en vigueur pour le *pignus rei*. C'est effectivement ce qu'ils ont fait : « *Ordinarium visum est,* » « il a paru conforme au Droit commun. » En outre ce n'est pas la première décision en ce sens : « *Sicut responsum est.* » Les jurisconsultes ont donné sur la question des *responsa* semblables. Quelle est donc la décision des empereurs ? Écartons d'abord une interprétation qui, sans fausser le sens littéral des mots, nous paraît empreinte d'anachronisme, bien qu'elle ait été présentée par des interprètes d'une grande autorité, tels que Cujas, Glück, Mühlenbruch. Suivant ces auteurs, les empereurs se seraient fondés sur la conces-

sion si tardivement faite au créancier ayant *pignus nominis* d'une action utile, pour accorder aussi cette action
utile au cessionnaire de créance, lorsqu'il n'avait point
été investi de l'action directe par une *procuratio in rem
suam*. Ils auraient conclu de l'action utile en matière de
pignus nominis à l'action utile en matière de *cessio nominis* (28). A défaut de textes tout à fait précis sur ce
point, il nous est permis d'invoquer les vraisemblances
historiques pour repousser cette conclusion. L'action utile
du cessionnaire de créance était évidemment connue
avant Dioclétien et Maximien (29). A quoi bon alors
cette décision savante des empereurs sur un point de
droit déjà éclairci? Dans la deuxième édition de son ouvrage (*Cession der Forderungsrechte*, note 296), Mühlenbruch lui-même trouve peu naturelle l'opinion qu'il
avait soutenue dans sa première édition et déclare se
ranger à celle d'Huschke, c'est-à-dire à celle que nous
allons exposer, et qui est généralement adoptée par les
auteurs allemands.

Voici comment doit s'interpréter notre texte : Après la
vente du *nomen* hypothéqué, on doit accorder à l'ache-

---

(28) Il nous semble que dans le texte les mots « *post nominis emptionem* » se rapportent non-seulement aux *utiles actiones dandas
emptori*, mais encore aux *actiones dandas creditori*. Il est tout à fait
arbitraire de vouloir les appliquer seulement aux *actiones dandas emptori*. C'est précisément ainsi que procèdent les partisans de l'interprétation que nous combattons.

(29) Quelques textes nous donnent des indications précieuses à cet
égard. Par ex., la loi 8, c. *De hæred. vel act. vend.*, parlant de l'action
utile donnée au cessionnaire de créance nous dit : « *Secundum ea
quæ pridem constituta sunt.* » La loi 2, C. *De oblig. et act.* Valer.
et Galien. 264, à propos de l'action utile donnée au cas de constitution de dot dit : « *Ad similitudinem ejus, qui nomen emerit.* »

6

teur les actions utiles, comme au créancier lui-même, ou comme s'il était lui-même créancier (*emptori vel* (30) *ipsi creditori*). En d'autres termes l'acheteur a l'action hypothécaire du vendeur, action qui n'est autre, suivant notre théorie, que l'action du *nomen* hypothéqué exercée sous la forme hypothécaire; l'acheteur l'exerce *utiliter suo nomine*, comme s'il avait été constitué *procurator in rem suam*, sans qu'aucune *procuratio* soit intervenue. C'est bien là le résultat que les empereurs pouvaient qualifier « *d'ordinarium,* » conforme au droit commun, et qui pouvait avoir été consacré déjà par des *responsa* fondés sur les principes régissant la vente des *pignora corporalia.*

67. Examinons d'un peu plus près et poursuivons dans ses détails l'analogie que nous avons bien des fois établie entre le *pignus rei* et le *pignus nominis*, et qu'Ulpien lui-même proclame ici « *vendent nomen, ut pignora corporalia solent.* » Évidemment nous ne pouvons rapprocher le créancier ayant *pignus nominis* que d'un créancier ayant *pignus rei* qui ne détiendrait pas son gage. La situation de ce dernier créancier doit donc nous préoccuper particulièrement, mais il nous faut d'abord insister sur la nature et les effets de la *distractio pignoris* en général.

68. Paul (L. 13, D., *De distr. pign.*) s'exprime ainsi :

(30) Ce mot *vel*, suivant Haloander, doit être remplacé par *ut* ; suivant d'autres auteurs, par *velut* ; ou du moins il doit être interprété dans le sens de ces deux mots. Cette signification du mot *vel* se présente quelquefois dans les textes, par ex.. dans les lois 7, § 4 (*ad legem Juliam majestatis*), et 1, c. (*de loc. et cond.*) Cf. Brisson, *De V. S.* V° *vel*, et Heumann (Handlexicon zu den quellen des Rœmischen Rechts) eod. V°.

« *Creditor, qui jure suo pignus distrahit, jus suum cedere debet, et si pignus possidet, tradere utique debet possessionem.* » Avant de commenter ce texte important, indiquons brièvement quelle est la situation du créancier hypothécaire vendeur. Cette situation a deux faces. D'un côté, le créancier a un droit propre, son *jus agendi* et *alienandi*, son hypothèque; de l'autre, il n'est que le représentant de l'*oppignerator* (31). Après Gaius (C. ii, § 64) et Justinien (J. ii, c. 8, § 1, *Quib. alien. lic.*), Théophile (*Trad. Reitz*) plus explicite encore s'exprime ainsi : « *Nam debitor ipse, qui dominus est, vendere videtur, qui ex pacto, cessante eo in solvendo debito, vendere creditori permittit.* » Ulpien dit de même (L. 5, § 3, *De reb. eor. qui*) « (*Fundum pigneratum*) *quasi debitoris, hoc est, alienum vendunt.* » Il résulte bien de ces textes que le créancier vend au nom de l'*oppignerator*; « *nam..... pignus vendendo causam domini præstat, quam ipse non habuit* » (Ulpien, L. 46, D., *De acq. rer. dom.*). Le *pactum de vendendo* n'est donc en définitive qu'un mandat conditionnel de vendre, mandat qui intervient dans le *pignus* comme une *lex contractus* et qui reste par conséquent lié au *pignus* d'une manière irrévocable. Si l'*oppignerator* vend sa propriété, le *pactum de vendendo* subsiste comme le *pignus*. Pomponius (L. 8,

---

(1) Nous ne pouvons admettre avec Bachofen (*Das Rœmische Pfandrecht*, c. vii), que le créancier puisse vendre comme *dominus* la *res pignerata*, bien qu'elle ne lui appartienne pas. Sans doute, en faisant la *distractio pignoris*, le créancier « *suum negotium gerit,* » (Papinien, L. 42, D. *De pign. act.*), mais ne gère-t-il que *suum negotium?* C'est précisément la question, et Bachofen ne cite aucun texte qui la tranche dans le sens de son opinion.

§ 4, *De pig. act.*) explique ainsi ce caractère du *pactum* : « *De vendendo pignore* IN REM PACTIO *concipienda est, ut omnes contineantur.* » *In rem pactio,* mandat irrévocable de vendre, ce sont là deux idées analogues dans leurs résultats (32).

Paul, dans la loi 13, *D. De dist. pign.,* n'étudie pas le rôle du créancier comme *procurator* ; c'est en sa qualité de créancier hypothécaire qu'il lui impose deux obligations : la première consiste à *cedere jus suum,* la deuxième, à *tradere utique possessionem.*

69. I. *Cedere jus suum.*

Il s'agit d'une cession ; Paul a donné à l'opération qui intervient ici son vrai nom. Il s'en faut que tous les jurisconsultes romains l'aient analysée avec cette exactitude : nous lisons en effet dans plusieurs textes, entre autres dans le Fr. 26 (*D. Pomponius, De sol. et lib.*) « *Si creditor fundum pigneratitium vendiderit, et quantum ei debatur receperit, debitor liberabitur.* » Ce n'est plus l'idée d'une cession qui est exprimée par Pomponius, c'est celle d'un payement, d'une libération. Mais si le débiteur est libéré, l'action hypothécaire va être paralysée par l'exception tirée du payement ; elle ne pourra donc plus

(32) Bachofen (op. cit., c. VII) frappé de ce que le droit de vente n'est pas à la merci des aliénations de l'oppignerata, mais reste au contraire incorporé, pour ainsi dire au pignus, prétend qu'un pareil résultat ne peut s'expliquer par l'idée de mandat. Il en trouve la preuve dans ce mot « Forsitan, » que nous lisons dans le § 64, c. II de Gaius. Sans doute, ce « Forsitan, » répété par Justinien, peut ouvrir la voie aux conjectures ; mais trouve-t-il autre chose qu'une simple hésitation ? Nous autorise-t-il à voir dans le droit de vente, comme l'a fait Bachofen, non plus seulement un droit personnel, mais un droit ayant un véritable caractère de réalité ? Nous ne le croyons pas en présence des fragments cités au texte et de la doctrine très-ferme qui s'en dégage.

être cédée utilement. Comment concilier les deux termes de cette contradiction ? D'un côté, extinction de l'action par suite du payement, de l'autre, obligation de transférer cette même action à l'acheteur du pignus. Les jurisconsultes romains ont-ils aperçu bien nettement cette difficulté? On pourrait en douter, car les textes n'en disent mot. Du moins pouvons-nous nous référer aux règles qu'ils ont suivies pour régler des difficultés analogues. Paul, dans la loi 36, *D. De fidej. et mandat.*, Julien et Ulpien, dans la loi 14 *D. mand.*, ont posé en ces termes la théorie que nous appliquerons ici : *nomen quodam modo vendidit, et ideo habet actiones quia tenetur ad id ipsum, ut præstet actiones.* » Ainsi ce caractère, attaché en fait à une action, d'être l'objet d'une obligation *præstandi*, lui donne une force de durée toute particulière et la protége contre une extinction qui, en droit strict, aurait lieu ; cette action non éteinte, on la considère comme cédée, quoiqu'il ne soit pas intervenu de cession expresse, et le cessionnaire l'exerce *utiliter suo nomine.* Que les choses se passent ainsi dans le cas qui nous occupe, voici deux textes qui semblent le prouver.

Paul, L. 12, *D. De div. temp. præsc.*

« *Creditor, qui præscriptione longæ possessionis a possessore pignoris submoveri possit, pignus distraxit : quæro an possessori salva sit exceptio adversus emptorem? Paulus respondit, etiam adversus emptorem, eamdem exceptionem competere.* » La raison évidente de cette décision, c'est que l'acheteur exerce l'action du créancier vendeur, qui la lui a cédée. Or Paul ne parle point de cession expressément faite à l'acheteur. Donc il s'agit d'une cession fictive. Cette conclusion est confirmée par le fragment suivant :

Papinien, L. 1, *pr. quib. mod. pig.*

« *Debitoris absentis amicus negotia gessit, et pignora citra emptionem penunia sua liberavit : Jus pristinum domino restitutum videtur. Igitur qui negotium gessit, utilem servianam dari sibi non recte desiderabit : si tamen possideat, exceptione doli defenditur.* » Pourquoi cet ami du débiteur absent n'a-t-il pas l'action *servienne utile* ? Papinien nous l'a dit en commençant, c'est qu'il n'a pas acheté les *pignora, liberavit pignora citra emptionem.* Nous en concluons par *a contrario* que s'il les avait achetés il aurait eu l'action *serviana utilis,* c'est-à-dire une action fondée sur une cession fictive.

70. Que cède le créancier en cédant *Jus suum* ? Il cède d'abord le droit en vertu duquel il vend le *pignus,* (*jure suo vendit*) le jus agendi et le jus alienandi, l'hypothèque en un mot. Quelle est la portée de cette cession ? Pour répondre à cette question, nous n'avons qu'à donner la mesure des garanties imposées au cédant. La loi 1, *C. in fine* (*cred. evict. pign.*) est très-précise sur ce point : « …. *quoniam hoc utique præstare debet, qui pignoris jure vendit, potiorem se cæteris esse creditoribus* (33.) » « Ce qui, dit M. Labbé, (de la garantie, p.

---

(33) Puisque le créancier ne vend que *jus suum,* il est logique de décider qu'il n'a pas à répondre vis-à-vis de l'acheteur de l'éviction de la *res.* Beaucoup de textes expriment cette idée. Contentons-nous de citer la loi 11, § 16. (D. *De A. E. et V.*) dans laquelle Ulpien nous dit : « … *Nam si jure creditoris vendiderit, deinde (pignora) fuerint evicta, non tenetur, nec ad pretium restituendum, ex empto actione creditor.* » Le créancier, bien que l'acheteur soit évincé, garde le prix de vente. Ce résultat n'aurait pas lieu, si le créancier au lieu de vendre

12) renferme la nécessité de prouver la réalité du droit de créance, la réalité du droit d'hypothèque, et la supériorité de ce droit par rapport au droit des autres créanciers. Ce qui emporte l'obligation de garantir l'acheteur contre les évictions dont l'origine serait dans un défaut de droit chez le créancier vendeur à l'un de ces trois points de vue. » La doctrine, que M. Labbé développe avec tant de force et de netteté, est celle de Cujas et surtout de Doneau ; elle est acceptée par tous les auteurs allemands que nous avons consultés, Gesterding, Sintenis, Bachofen, Schmid, etc. Cette garantie a une très-grande importance pour l'acheteur. Car la vente n'éteignant pas les hypothèques constituées sur la *res pignerata*, ne la purgeant pas, comme nous dirions dans notre droit, il s'ensuit que l'action hypothécaire cédée par le créancier à l'acheteur est la seule arme avec laquelle ce dernier puisse se défendre contre les autres créanciers hypothécaires. Nous reviendrons sur ce point un peu plus loin.

71 Le créancier a une autre action que l'action hypothécaire, c'est l'action *pigneratitia contraria* ; cette action fait partie de ce *jus suum* qu'il doit céder ; mais elle n'est pas l'unique objet de la cession, comme l'ont prétendu parmi les commentateurs allemands Trotsche (*op. cit. p. 12*) et parmi les auteurs français, M. Vernet, dans son livre sur les obligations. Sans insister sur la réfutation de cette opinion, tâche que M. Labbé a si bien remplie

---

jure pignoris, c'est-à-dire « *ea lege, ne evictionis nomine obligaretur* » (Triphonin, l. 12, *De dist. pig.*), avait vendu *jure communi ;* ou bien « *si de evictione rei promisit,* » ou « *si dolo malo, cum sciens prudensque esset rem sine vitio non esse, eam .... venumdedit.* » (L. 2, c. *Cred. evict. pig. non debere*).

(*V. P.* 43, de la garantie), nous nous bornerons à faire remarquer que Paul, dans la loi 13, *D. De dist pig.*, dit d'une façon générale « *jus suum cedere debet*, » et ne prévoit nullement le cas d'éviction. Or, c'est en cas d'éviction seulement, que l'action *pigneratitia contraria* sera utile à l'acheteur. Ecoutons Ulpien (**L. 38, *D. De evict.***) « *In creditore qui pignus vendidit tractari protest, an re evicta vel ad hoc teneatur ex empto, ut quam habet adversus debitorem actionem, eam præstet; habet autem contrariam pigneratitiam actionem? Et magis est, ut præstet. Cui enim æquum non videbitur, vel hoc saltem consequi emptorem, quod sine dispendio creditoris futurum est.* » Il nous est permis d'en conclure que le créancier vendeur doit céder autre chose que l'action *pigneratitia contraria*, il doit céder son droit d'hypothèque, et le céder, comme nous l'avons établi, avec des garanties spéciales.

72. Quelle sera l'utilité de l'action *pigneratitia contraria* entre les mains de l'acheteur?

Nous avons établi plus haut à l'aide de textes précis que le créancier vendeur est en quelque sorte le *procurator* du débiteur. On le traite comme un *procurator præsentis*. Or nous savons, par un texte de Papinien, tiré des fragments du Vatican (§ 331), que le *procurator præsentis* était assimilé au *cognitor* en ce sens que « *domino causa cognita dabitur et in eum judicati actio;* » ce qui est vrai aussi des actions nées des contrats (*Frag. Vatic.* § 328 et 332, *arg. a contr.*) Cela explique comment on a pu donner à l'acheteur évincé une action *utilis ex empto* contre l'*oppignerator*. Mais cette action aura-t-elle sa force ordinaire? D'après les textes elle empêchera seulement *l'oppignerator*, libéré par le prix de vente, de s'enrichir aux dépens d'autrui « *ne ex aliena jactura sibi lucrum adquirat*, dit Tryphonin (L. 12, § 1, *De dist. pig.*) Hermogénien (L. 74, § 1, *D. De evict.*), parlant de la vente d'un pignus *in causa judicati captum*, est plus explicite encore. « ..... *Ex empto contra eum, qui pretio liberatus est, non quanti interest, sed de pretio duntaxat ejusque usuris, habita ratione fructuum dabitur..... (34)* » Ici apparaît l'utilité de l'action *pigneratitia contraria*. C'est cette action que l'acheteur intentera pour obtenir le *id quod interest*. (Paul, 16, § 1. Ulpien, 36, § 1. Africain, 31, *D. De pig. act.*) (35).

(34) On ne pourrait soutenir que le texte d'Hermogénien se réfère seulement au *pignus in causa judicati captum ;* car Triphonin parle en général, et il émet précisément la même décision qu'Hermogénien, mais sans la développer. Bachofen (op. cit., p. 583) et de Vangerow (*Lehrbuch der Pandekten*, § 380), s'appuient précisément sur cette restriction de l'*actio ex empto* pour prétendre que les jurisconsultes romains n'ont vu aucun rapport contractuel entre l'*oppignerator* et l'acheteur du *pignus*, et que l'action dont il s'agit est fondée simplement sur l'enrichissement inique du débiteur « *ne ex aliena jactura sibi lucrum adquirat.* » Nous repoussons cette théorie, contredite par les textes qui donnent au créancier vendeur la qualité de représentant du débiteur.

(35) C'est la doctrine enseignée par Gesterding (op. cit., p. 196) et par Sintenis (op. cit., p. 524). M. Labbé (*De la garantie*, p. 47-48) arrive au même résultat par une autre voie. Suivant lui, le *quanti interest* est un des chefs de condamnation dans l'action *utilis ex empto*. Pour appuyer cette opinion, il tire un argument d'analogie de la loi 25, pr. D. *de pig. act.* Nous pensons que cet argument ne saurait prévaloir contre les fragments cités au texte des lois (12, § 1, *De dist. pig.* et 74, § 1, *De evict.*) Est-il même bien fondé? Voici comment, suivant nous, pourrait s'expliquer la loi 24 pr. (*de pign. act.*) invoquée par M. Labbé. Il s'agit dans ce texte d'un créancier investi de la propriété du *pignus* en vertu d'une *impetratio dominii;* il a été évincé. Ulpien est consulté sur le point de savoir si ce créancier aura une action *pigneratitia contraria*. Remarquons cette question. Pourquoi une action *pigneratitia contraria*? C'est que le créancier, attentif à ses

73. Nous passons à l'étude de la deuxième obligation incombant au créancier vendeur :

II. *Tradere utique possessionem.* Le créancier hypothécaire, en vertu de son *pignus*, a droit à la possession ; s'il est nanti, il livre la *res pignerata* à l'acheteur en son propre nom ; c'est là une *nuda traditio*. Mais en même temps le *tradens* agissant comme *procurator* du propriétaire nous avons là tous les éléments d'une tradition *ex justa causa*. La volonté d'aliéner résulte du *pactum de vendendo* ; cet élément intentionnel venant se joindre au fait de la tradition, l'acheteur devient propriétaire par l'effet de ce que les commentateurs ont appelé *traditio brevi manu.*

Si le créancier hypothécaire n'est pas nanti, il ne peut sans doute livrer la possession ; en cédant son action hypothécaire, il fait quelque chose d'analogue, car l'ac-

intérêts, demande très-vraisemblablement l'action la plus large donnée ordinairement à l'acheteur d'un *pignus*, l'action portant sur le *quanti interest*. Ulpien lui fait observer qu'il commet une erreur de droit. Car : « *et videtur finita esse pignoris obligatio, et a contractu recessum.* » Mais comme il est équitable que notre plaideur ne soit pas lésé, on le considérera comme un acheteur, la *dominii impetratio* n'étant, en définitive, qu'une sorte de dation en payement organisée par la loi, et on lui donnera une *actio* que le jurisconsulte appelle *utilis ex empto*, « *ut in quantitatem debiti ei satisfiat, vel in quantum ejus intersit.* » Il nous paraît résulter invinciblement de ce texte que l'action *utile ex empto* n'est « *accommodata* » que pour remplacer l'action *pigneratitia contraria* impossible dans l'espèce.

Quant à la distinction si équitable proposée par M. Labbé entre les effets du *pignus conventiale* et les effets du *pignus judiciale*, le premier seul permettant à l'acheteur évincé le recours *in quantum intersit*, elle repose à notre avis sur ce fait que dans le *pignus judiciale* il n'existe aucun rapport contractuel entre le débiteur et le saisissant, et que, par conséquent, l'action *pigneratitia contraria* n'a pu prendre naissance. L'acheteur du *pignus* doit donc se contenter du recours qui lui est offert par Hermogénien dans la loi 74, § 1, *De evict.*

tion hypothécaire procurera la possession à l'acheteur. Mais si le détenteur de la *res pignerata* offre de payer la dette, ne va-t-il pas pouvoir repousser l'action hypothécaire de l'acheteur par l'exception : « *Aut si non stat per creditorem quominus solvatur satisve fiat?* » La loi 2, C., (*Si ant. cred.*) nous répond : « *Obligata pignoris jure creditore recte distrahente, post debitor emptori pretium offerens, vel creditori, quod debuit, evincere non potest.* » L'acheteur répondra à l'exception par une réplique de dol. N'y aurait-il pas dol en effet à faire retomber sur la tête du créancier la responsabilité de ce refus d'acceptation de payement, lorsque c'est en vertu du pacte de *vendendo*, en vertu d'un pouvoir donné par le *dominus rei*, que ce créancier s'est engagé à *præstare rem habere licere?* L'acheteur acquerra donc la possession à l'aide de l'action hypothécaire; cette possession se transformera entre ses mains, en vertu du pacte de *vendendo*, en pleine propriété; ici encore il y a *traditio brevi manu* (*Arg. d'anal.*, L. 47, D., *De rei vind.*).

74. L'éclaircissement de ce point nous permet de faire deux observations intéressantes.

1° L'acheteur ayant l'action hypothécaire pour s'emparer de la *res* n'a pas besoin de s'adresser à l'*oppignerator, dominus rei*, pour se faire mettre en possession : il n'y a donc pas lieu de s'étonner que les textes restreignent l'efficacité de l'action *utilis ex empto*, donnée à l'acheteur, à la simple garantie de l'éviction.

2° La loi 40, D., *De usuris* nous apprend que le débiteur n'a plus d'intérêts à payer pour la portion de sa dette couverte par le prix de vente. Ce résultat s'explique par ce fait que l'acheteur a droit aux fruits et aux *commoda* de la *res*, et cela en vertu des principes généraux de la vente (L. 1, C., *De per. et comm.*). Si l'acheteur possède, il perçoit les fruits et les *commoda;* s'il ne possède pas, il a dans son action hypothécaire le moyen de s'en emparer, car nous savons que l'hypothèque s'étend aux fruits et aux *commoda* de la *res*. « *Quamvis fructus pignori datorum prædiorum, et si id aperte non sit expressum, et ipsi pignori credantur tacita pactione inesse...:.* » dit la loi 3, C., *In quib. caus. pig.* (Comp. L. 1, 2, 3, C., *De pig. act.*) (36).

75. Nous venons d'étudier sous ses diverses faces la situation juridique du créancier vendeur et de préciser la nature de la *distractio pignoris*. Disons quelques mots de ses effets.

Décomposons l'opération complexe qui a lieu ici.

Le créancier cède son hypothèque, c'est-à-dire sa créance munie d'une hypothèque; car, cette hypothèque étant suivant nous une qualité inséparable de la créance il ne peut céder l'hypothèque séparément. D'un autre côté il touche le prix de vente comme *procurator* de l'*oppignerator*, *satisfactus est*, pourrions-nous dire, « *Nam alio pignore sibi caveri voluit, ut ab hoc recedat* (L. 9, § 3, *De pig. act.*); » les *nummi soluti* sont subrogés entre ses mains à la *res pignerata*, qu'il a livrée à l'acheteur s'il en était nanti.

---

(36) Bachofen, dans sa théorie, tire précisément argument de ce que l'action *ex empto utilis* n'est pas donnée à l'acheteur sur le chef de la tradition, pour nier tout rapport contractuel entre l'*oppignerator* et l'acheteur. Suivant nous elle ne lui est pas donnée parce qu'elle lui serait inutile.

L'acheteur devient cessionnaire de la créance hypothécaire qui appartenait au vendeur; d'un autre côté il
prend possession de la *res pignerata.*

En vertu du pacte de *vendendo* il se produit alors une
double tradition *brevi manu.* « *Si rem meam possideas,*
dit Pomponius (L. 21, § 1, *De acq. rer. dom.*), *et eam
velim tuam esse, fiet tua, quamvis possessio apud me
non fuerit* » (Comp. J., § 44, *De rerum divis.*, II, 1).
Suivant ce principe, d'une part, le créancier devient
propriétaire du prix de vente, jusqu'à concurrence du
montant de sa créance; la *satisfactio* devient une
solutio. Si la créance est inférieure au prix de vente, le
reste du prix reviendra à l'*oppignerator* (L. 42, D., *De
pig. act.*) ou à ses autres créanciers hypothécaires « *prius
debitum pretio pignorum jure solvetur, secundum super-
fluo compensabitur* (L. 96, § 3, *De sol. et lib.*); si, au
contraire, le prix de vente est inférieur à la créance,
« *personalis actio non tollitur, sed eo quod de pretio
servari potuit, in debitum computato, de residuo manet
integra* » (L. 10, C., *De ob. et act.*). D'autre part,
l'acheteur acquiert la propriété de la *res pignerata.*

76. Il résulte de cette opération une double renonciation à l'hypothèque, renonciation *pure et simple* de la
part du créancier au profit de l'acheteur jusqu'à concurrence de la quotité de la créance couverte par le prix de
vente; renonciation *conditionnelle* de la part de l'acheteur : *conditionnelle* de la part de ce dernier, car sans
doute il reçoit une *satisfactio* en acquérant la propriété
de la *res pignerata;* mais nous savons quel est le principe en matière de *satisfactio;* elle n'existe que *quoties*

recedere voluit créditor a pignore (L. 9, § 3, 10, *De pig. act.*). Or il est évident qu'ici l'acheteur, cessionnaire de la créance-hypothécaire, n'a voulu renoncer à l'hypothèque que s'il n'était pas évincé de sa propriété nouvelle. Vienne la menace d'une éviction (37), l'hypothèque renaît, et l'acheteur se retranche dans une exception triomphante.

77. Ce résultat équitable n'a rien qui doive nous étonner. Nous avons appris, en étudiant la formule hypothécaire, comment on peut faire valoir une hypothèque sur sa propre chose. De ce côté, pas de difficulté. Mais la créance dont cette hypothèque était un accessoire, ou plutôt une qualité intégrante, paraît devoir être éteinte puisqu'il y a eu *satisfactio*. Les Romains ont-ils donc admis l'existence d'une hypothèque indépendamment d'une créance qui lui servît de fondement? « *Intelligere debes vincula pignoris durare personali actione remota,* » dit l'empereur Gordien (L. 2, C., *De luit. pig.*). Les Romains, en thèse générale, n'ont pas admis cette idée,

___

(37) La *distractio pignoris* n'ayant aucun effet extinctif sur les hypothèques, il est clair que les rapports réciproques des créanciers hypothécaires restent les mêmes, qu'elle ait ou qu'elle n'ait pas eu lieu. Or voici ce qui résulte des principes :

1° Le créancier *potior jure* poursuivra la *res pignerata* entre les mains de l'acheteur, dont l'exception sera repoussée par la réplique : « *Si non mihi ante sit res obligata.* » (12 p. D. *qui potiores*).

2° Les créanciers *concurrentes in pignore* intenteront contre l'acheteur l'action utile *communi dividundo*, et demanderont leur part de la garantie commune (L. 7, § 6, L. 8, L. 12. D. *comm. divid.*)

3° Les créanciers *infirmiores jure* ne pourront agir sans être repoussés par l'exception « *si non mihi ante....* » En outre ils n'auront pas le *jus offerendi* (L. 2, C. *si ant. cred.*). Ce droit reste au contraire malgré la vente aux créanciers dont l'hypothèque est préférable ou égale.

nous le prouverons plus loin. Sur le point qui nous occupe, ils n'ont point fait exception à leurs principes.
Pour eux la créance éteinte par la *satisfactio* n'a pas
complétement disparu; elle a laissé une trace indélébile
de son existence, un *debitum propter præcedentis contractus auctoritatem* » (L. 1, C., *Si ant. cred.*), ou
« *propter pignus* » (L. 59, pr. D., *Ad SC. Trebell.*), et
c'est ce *debitum* qui sert de base à l'exception hypothécaire.

78. Après ces explications nécessaires, poursuivons
le rapprochement que nous avons déjà indiqué plus haut
entre le vendeur d'un *pignus nominis* et le créancier qui
vend un *pignus rei* sans en être nanti. Dans les deux cas
il n'y a qu'une cession de créance hypothécaire faite par
le créancier à l'acheteur; dans les deux cas cette cession
a un caractère remarquable que nous avons essayé tout
à l'heure de faire ressortir. Le créancier qui n'est pas
nanti ne peut faire tradition de la *res;* mais l'action hypothécaire utile vient remédier entre les mains de l'acheteur à cette impuissance du vendeur. De même le créancier vendeur du *pignus nominis* ne peut transférer les
droits de l'*oppignerator* sur le *nomen* hypothéqué par la
forme ordinaire de la cession, le *mandatum agendi in
rem suam*, car le *dominus litis* seul peut constituer un
procurator in rem suam (38); or le créancier ayant
pignus nominis n'est en quelque sorte qu'un *procurator
oppigneratoris*. Mais comme disent Dioclétien et Maximien

(38) C'est à cause de ce principe que le tuteur ne peut constituer
un *procurator* pour son pupille, ni par conséquent « *mandare actiones
pupilli sui*, (37, § 1, *ad SC. Trebellian.*)

« *Ordinarium visum est, post nominis emptionem utiles emptori velutipsi creditori postulanti dandas actiones.* » Un mandat fictif remplace le mandat réel qui, dans l'espèce, ne peut être donné. L'acheteur du *nomen* exerce *utiliter* l'action hypothécaire du vendeur, action qui, nous le savons, n'est autre sous la formule hypothécaire que l'action personnelle de l'*oppignerator*. Comment les choses vont-elles se passer? Le débiteur, en offrant de payer la créance garantie, ne pourra repousser l'action *utilis hypothecaria* de l'acheteur du *pignus nominis*, pas plus que le tiers-détenteur ne pourrait repousser celle de l'acheteur d'un *pignus rei*, et cela par les mêmes raisons. Il devra donc payer. L'acheteur deviendra détenteur de la *res soluta*, tandis que l'*oppignerator*, par son entremise, en acquerra la propriété; mais immédiatement, en vertu du pacte de *vendendo*, la détention de la *res soluta* se transformera entre les mains de l'acheteur en propriété; nous retrouvons ici la *traditio brevi manu* dont nous avons constaté les effets plus haut. L'analogie nous paraît complète entre les deux situations; il serait tout à fait irrationnel de leur appliquer des règles différentes.

79. Terminons cette étude sur le pacte de vente appliqué à notre matière en disant quelques mots de deux autres pactes souvent adjoints à la convention de *pignus;* nous voulons parler du pacte d'antichrèse et de la *lex commissoria.* Par le pacte d'antichrèse les parties convenaient que le créancier prendrait à titre d'intérêts les fruits que pourrait produire la *res pignerata.* Il y avait là, suivant l'expression de Marcien (L. 11, § 1, *De pig.*

et hyp.) « *Mutuus pignoris usus pro credito.* » Pour que
ce pacte adjoint à un *pignus nominis*, fût valable, il fallait que ce *nomen* ne produisît pas d'intérêts au delà du
modus legitimus (L. 8, D., *In quib. caus.*). Quant à la
lex commissoria, appliquée à un *pignus nominis*, elle
aurait pour effet d'attribuer au créancier, en cas de non
payement de la dette à l'échéance, le *nomen* tout entier
sans qu'il fût tenu compte de l'infériorité de valeur de la
créance garantie. Il est évident que cet arrangement
dangereux pour l'*oppignerator* tombait sous le coup de
la loi 3, C., (Constantin, *De pact. pig.*) qui réprime
d'une façon absolue l'*asperitas commissoriæ pignorum
legis.* »

APPENDICE

DES DIFFÉRENTS MODES DE CONSTITUTION DU PIGNUS
NOMINIS

80. D'après la formule c'était la convention seule qui donnait naissance au *pignus;* il est évident qu'à ce point de vue la formule avait un cadre trop étroit; sans doute elle subit quelque modification, mais aucun texte ne fixe nos idées à ce sujet.

Les commentateurs distinguent deux sortes de *pignus :* le *pignus voluntarium* se rattachant à deux causes, la convention et le testament; et le *pignus necessarium,* créé par la loi, ou par le magistrat. Justinien lui-même fait cette distinction : « *Unum quidem, quod ex conventionibus, et pactis hominum nascitur; aliud, quod a judicibus datur, et prætorium nuncupatur* » (L. 2, C., *De præt. pig.*). Nous n'avons pas l'intention d'étudier l'application de ces différentes sortes de *pignus* au *nomen;* nous voulons seulement insister sur quelques points obscurs ou controversés.

81. Lorsque la convention a eu pour objet non pas le

nomen, mais un *pignus* attaché comme garantie au *nomen*, l'interprétation d'un pareil acte soulève un intéressant débat. Le *pignus pignoris* implique-t-il *pignus nominis?* Au premier abord cette question peut paraître sin-
gulière, et on sera peut-être tenté de faire comme Huschke
(*op. cit.*, p. 27) cette objection : « Comment le principal
peut-il suivre le sort de l'accessoire? *Quis solum, ei,
quod inædificatur, cedere unquam audivit?* » Mais au
lieu de nous arrêter à la maxime banale « *accessorium
sequitur principale,* » analysons avec précision l'acte
dont il s'agit.

Une première question s'offre à notre examen. Le
pignus peut-il exister seul, séparé de la créance à laquelle il était primitivement attaché?

Écartons d'abord un texte qui, pris à la lettre et isolément, semblerait résoudre la question affirmativement.
C'est la loi 2, C., *De luit. pig.* (39). Peut-on traduire
cette loi mot à mot et en tirer la solution que nous cherchons? Non assurément. Ce serait prêter à l'empereur
Gordien une décision bien étrange, car voici le principe
posé par la loi 43, *De sol.* « *In omnibus speciebus libera-
tionum etiam accessiones liberantur, puta adpromissores,
hypothecæ, pignora....* » On a proposé bien des explications du texte de Gordien; nous en avons donné une
plus haut; nous en pourrions citer plusieurs autres, si
cela ne nous entraînait trop loin (40). Il nous suffira d'en

(39) Nous en avons donné le texte plus haut, p. 94.
(40) Doneau insère dans le texte un « *non* » qui lui donne un sens
absolument contraire à celui qu'il a (*In comm. ad* II, III, IV, VI, *et* VIII.
lib. cod. Fcf. 1599, p. 659). L'explication la plus naturelle de cette loi

tirer une conclusion incontestable, c'est que le texte de Gordien ne résout point notre question.

Ce texte écarté, il reste cette idée sur laquelle nous avons déjà insisté, que les Romains ont imaginé un « *debitum propter pignus,* » une sorte d'obligation naturelle persistant après l'extinction de l'obligation primitive pour que l'hypothèque puisse elle-même continuer à exister. Une scholie (6 *Fin. ad Basil.* XI, 1, c. 7, § 3, 6) des Basiliques dit avec une grande précision : « *Imo in se solum pignus consistere nequit, sed alterius conventionis additamentum est. — Quædam autem semper accessoria manent, neque unquam principalia fiunt, ut usuræ et pignus.* » C'est qu'en effet il n'est pas rationnel d'imaginer une garantie subsistant après que la chose garantie a disparu. Or le but du *pignus,* c'est de servir de sûreté à une obligation déterminée, obligation civile ou naturelle ; lorsque cette obligation est éteinte, il disparaît. Il ne peut donc être détaché de cette obligation déterminée pour être conféré à un tiers isolément. Donc ou bien le

nous paraît être celle que Mühlenbruch (op. cit., § 28) présente de la façon suivante. Il fait remarquer qu'en général les compilateurs du Digeste et du Code se sont attachés à rassembler dans le même titre les textes qui se rapportent à la même idée. Nous en avons un exemple dans le titre « *de luitione pignoris.* » La loi première de ce titre décide qu'un cohéritier qui paie sa part de la dette du *de cujus* n'est plus soumis à l'action personnelle du créancier ; mais à cause de l'indivisibilité de l'hypothèque, il n'est pas à l'abri de l'action hypothécaire, tant qu'il n'a pas payé toute la dette. D'où cette conclusion qui forme la loi deuxième : « *Intelligere debes vincula pignoris durare personali actione remota.* » Le deuxième fragment n'est donc que le complément du premier. La Glose avait déjà indiqué cette interprétation, et Cujas (L. V. *Observ.* C. 32) l'avait reprise avec plus de force. Nous la retrouvons aussi dans Godefroid, et dans Westphal (*Erlaüter. über das Pfandrecht,* § 9).

pignus pignoris n'existe pas, ou bien il implique *pignus nominis*.

82. Supposons un instant que le contraire soit vrai. Quelle sécurité aura le créancier investi d'un semblable *pignus pignoris?* Il ne peut empêcher le débiteur de la créance garantie, dont le *pignus* a été détaché, de se libérer; car, en Droit romain, la saisie-arrêt n'existe pas (L. 1, C., *De proh. seq. pec.*); d'un autre côté, il ne peut s'emparer de l'objet du *pignus* avant l'échéance de la créance garantie. Il a donc un droit bien fragile. Si, au contraire, il avait *pignus nominis*, il serait maître de l'action, et il aurait pu s'en assurer l'exercice à l'aide de la *certioratio*. La comparaison de ces deux résultats nous permet d'entrer dans un ordre de considérations qui ont une grande valeur pratique. Il s'agit ici d'un pacte, c'est-à-dire d'une convention où tout est abandonné à la bonne foi et à la libre initiative des parties. Quel a pu être leur but en contractant? de donner au créancier le plus de garanties possibles. Or il est manifeste qu'il est beaucoup plus avantageux d'avoir en même temps un *pignus* sur la créance et sur l'hypothèque attachée à cette créance que d'avoir un *pignus* sur cette hypothèque seule. Remarquons, d'un autre côté, que dans la loi 13, § 2 (*De p. et hyp.*), le jurisconsulte parle à propos de *pignus pignoris*, tantôt de *pignus pignori datum*, tantôt de *nomen pigneratum*, et paraît attacher le même sens à ces deux expressions; remarquons en outre que jusqu'à Dioclétien et Maximien (L. 6, C., *De O. et A.*) l'acheteur de créances dut se faire donner un mandat spécial pour les *accessiones*, notamment pour les hypothèques

(6, D., *De hæred. vel act. vend.* — 14, C., *De fidej.*),
et qu'il n'y a aucune raison pour ne pas appliquer cette
règle en matière de *pignus*, et nous pourrons avec beaucoup de vraisemblance soutenir que précisément le
pignus pignoris fut la forme généralement employée pour
constituer le *pignus nominis*, parce que le débiteur n'a-
vait ainsi qu'un seul *pignus* à constituer, et assurait du
même coup au créancier toutes les garanties dont il pouvait disposer. Il est, du reste, conforme aux habitudes
du langage pratique de nommer au lieu de la créance
garantie la garantie elle-même qui, en définitive, représente le plus souvent la seule valeur réelle de la créance.
Enfin le titre spécial inséré au code « *Si pignus pignori
datum* (8, 24) » prouve, à notre sens, que le *pignus
pignoris* était une opération assez fréquente ; or le *pignus*
d'une hypothèque isolée de la créance eût été peu utile et
par conséquent peu pratiqué (41).

(41) *Sic* Mühlenbruch, Puchta, Dernburg, Schmid, Sintenis, Gesterding. *Contra* Huschke, Büchel, Trotsche. Hepp prétend que le créancier sous-gagiste n'a qu'un *pignus*, et rien de plus ; mais il n'appuie
son assertion d'aucun argument ; il s'efforce seulement de détruire
celui que nous tirons de la loi 13, § 2, (*De pig. et hyp.*) en disant que
dans cette loi Marcien suppose que le créancier gagiste a payé entre
les mains du créancier sous-gagiste ; qu'il se produit alors le même
effet que si le sous-gagiste eût fait valoir un *nomen* à lui engagé (*Ar-
chiv. für die civilist. praxis*, B. XIII, p. 360 et suiv.). Plus tard (*Ar-
chiv.* B. XV, p. 86) il abandonne cette explication et propose la suivante : Sans doute, il y a un *nomen* qui est hypothéqué avec le *pignus*
dans le *subpignus*, mais ce *nomen*, c'est celui qui dérive du *contractus
pigneratitius* au profit du créancier, et non pas le *nomen* que le *pignus*
garantissait primitivement. Cette opinion ne nous paraît pas fondée,
mais sans nous arrêter plus longuement à la réfuter, nous ferons remarquer qu'ici encore, sans s'autoriser d'aucun texte, on sépare le
pignus de la créance à laquelle il était attaché. Trotsche (op. cit.)
pense que le *subpignus* n'est pas une sous-affectation du *pignus*, mais
la constitution d'un nouveau *pignus* sur la *res pignerata*. Suivant lui,

83. Les textes confirment notre manière de voir. Les mots suivants de la loi 13, § 2 (*De p. et hyp.*) nous paraissent surtout concluants : « *Si pecuniam debet is, cujus nomen pignori datum est, exacta ea creditorem secum pensaturum.* » Il s'agit d'un payement fait au créancier sous-gagiste, mais ce payement a été fait sur sa poursuite (*exacta ea*). Comment pouvait-il donc avoir un droit de poursuite? Par une cession spéciale, ou bien en vertu de cette idée que le *pignus pignoris* implique *pignus nominis*. Or le texte ne parle nulle part d'une cession spé-

le créancier hypothécaire a sur la *res pignerata* un droit de propriété : ce droit résulterait d'un part de son *jus distrahendi*, de l'autre des principes de la fiducie, d'après lesquels il y avait translation de la propriété et qui n'auraient pas disparu complétement dans la nouvelle institution du *pignus*. Nous répondrons que ces principes ne tenaient pas à l'essence même des sûretés réelles, mais à la forme employée pour les constituer. La forme tombée en désuétude, pourquoi les Romains en eussent-ils conservé les effets? *Cessante causa, cessat effectus.* Constituées sous la nouvelle forme du *pignus*, les sûretés réelles sont éteintes *ipso facto*, dès que l'obligation garantie n'existe plus; or cet effet n'avait pas lieu en cas de fiducie. Trotsche donne trop d'importance à cette forme primitive des sûretés réelles. Quant au caractère du *jus distrahendi*, nous nous référons à ce que nous en avons dit plus haut. Vangerow (Lehrbuch, § 368) a repris cette opinion en l'appuyant surtout sur les textes. Nous lisons en effet dans la loi 13, § 2 (*De p. et hyp.*) « *rem pigneratam,* » dans la loi 14, § 3 (*De div. temp. præsc.*) « *si mihi pignori dederis, et ego eamdem rem alii pigneravi,* » dans la loi 1, c. (*Si pig.*) : « *id quod pignori obligatum est,* » dans la loi 2, *eod. T.* « *possessionem.* » Mais peut-on inférer de ces textes que le créancier hypothécaire peut conférer plus de droits qu'il n'en a? Evidemment non. Or ces droits se bornent à un simple *pignus* sur la *res*. Il a *in bonis*, non pas la *res* (L. 12, § 2, *De furtis*), mais la *res* « *cum sua causa,* » c'est-à-dire la *res pignerata*. Quelle diférence y a-t-il donc entre avoir une *res pignerata*, ou avoir un *pignus* sur cette *res*, et quel intérêt a la question de savoir si le *subpignus* a pour objet le *pignus* sur la *res* ou la *res pignerata?* Nous avouons que nous ne le voyons pas. Les controverses soulevées sur ce sujet par les auteurs allemands nous paraissent être une simple logomachie, si, comme Vangerow, on n'accepte pas les conséquences erronées, mais logiques, où Trotsche a poussé son opinion.

ciale. Marcien, à propos d'un *pignus* hypothéqué, se pose des questions qui font doute dans son esprit. Pourquoi ces questions, si le fait d'une concession de *pignus* sur le *nomen* eût existé? Marcien les résout en citant un passage de Pomponius relatif aux effets du *pignus nominis*. Il en résulte invinciblement que pour lui le *pignus pignoris* n'est autre chose qu'une forme du *pignus nominis*.

La décision de la loi 11, § 5, *De pig. act.*, est fondée sur la même idée. Il paraît qu'à Rome il y avait des gens qui louaient des maisons ou des appartements, non pour les habiter, mais pour faire métier de les sous-louer à d'autres par parties. On les appelait *cœnacularii* (Brisson, *De V. S.*, *V. cœnacularius*). Naturellement ils n'avaient point « d'*invecta illata* » qui pussent servir de gage au propriétaire. Comme il eût été étrange que le bailleur n'eût pas de garantie, tandis que le sous-bailleur aurait eu celle des *invecta illata* des sous-locataires, on supposa qu'un *subpignus* tacite intervenait entre le propriétaire et son ayant cause. « *Plane in eam duntaxat summam invecta mea et illata tenebuntur, in quam cœnaculum conduxi: non enim credibile est hoc convenisse, ut ad universam pensionem insulæ frivola mea tenerentur.* » Ces paroles d'Ulpien sont d'accord avec le « *quatenus utraque pecunia debetur* » de la loi 13, § 2 (*De pig. et hyp.*). La fin de notre texte prouve très-nettement qu'il s'agit bien ici d'un *subpignus* tacite, et non pas d'une cession tacite du *pignus* sur les *invecta illata* « *Videtur autem*, dit Ulpien, *tacite et cum domino ædium hoc convenisse, ut non pactio cœnacularii proficiat do-*

mino, sed sua propria. » S'il y avait cession du *pignus,* le propriétaire invoquerait précisément la « *pactio cœnacularii* » et non pas « *sua propria.* » Donc, premier point établi : il y a *subpignus* des *invecta illata* au profit du propriétaire. Ce *subpignus* implique le *pignus* de la créance *locati* appartenant au sous-bailleur. En voici la preuve : Ulpien dit que le payement des loyers effectué entre les mains du propriétaire est valable et libère les *invecta illata.* Pourquoi? C'est que le propriétaire a pouvoir de toucher les loyers, et il a pouvoir parce qu'il est investi par le *pignus* de l'action *utilis locati* du sous-bailleur : « *Solutam pecuniam accipiendum, non solum si ipsi cui obligata res est, sed et si alii sit voluntate ejus.....* » Le payement fait en partie au propriétaire, en partie au sous-bailleur libère aussi les *invecta illata.* Pourquoi? C'est que dans ces deux payements, suivant les principes du *pignus nominis,* il y a *satisfactio* pour le propriétaire. Si le propriétaire reçoit lui-même les loyers, il a un *pignus* sur les *nummi* qu'il possède jusqu'à ce qu'il se paye par compensation. Si c'est le sous-bailleur qui reçoit le payement, le propriétaire a encore un *pignus* sur les *nummi* encaissés. Dans les deux cas il est *satisfactus;* ce qui explique la libération des *invecta illata.* Nous croyons donc pouvoir conclure des décisions d'Ulpien que le *pignus pignoris,* ou *subpignus,* implique *pignus nominis.*

84. Le *pignus prætorium,* appliqué au *nomen,* mérite d'attirer un instant notre attention. Il y a deux sortes de *pignus prætorium.* Nous parlerons d'abord de celui qui résultait de la *missio in rem* ou *in bona.*

La *missio in rem* ou *in bona* (42) était une mesure conservatoire qui était autorisée dans certaines circonstances et qui donnait au *missus* un droit de garde et de surveillance plutôt qu'un droit de possession, (L. 12, *Quib. ex caus. in poss.* — 3, § *ult. De acq. vel amitt. poss.*). Il est évident que ce droit de garde et de surveillance peut s'étendre aux créances. Justinien le dit expressément (L. 1, C., *De præt. pig.*). Paul (L. 14 pr., *De reb. auct. jud.*) nous donne à ce sujet un détail intéressant : « *Creditore in possessionem rerum debitoris misso, curator constitui debet, si quædam actiones perituræ sunt.* »

L'autre *pignus prætorium* était le *pignus in causa judicati captum.* Les lois 15, § 8, *De re judic.* — 5, C., *De execut. rei jud.* nous apprennent que les créances pouvaient faire l'objet de ce *pignus.* « *Etiam nomen debitoris in causa judicati capi posse ignotum non est.* » dit Gordien. Ce *pignus* était un moyen fréquemment employé d'exécuter les jugements. Pour l'autoriser il fallait une *res judicata,* ou une *confessio in jure,* (L. 34, *De re jud.*). Le juge donne un délai au débiteur pour se

______

(42) Dernburg (op. cit, p. 401) distingue avec raison deux classes de *missiones in bona.* Dans la première, il range celles par lesquelles le *missus* est envoyé en possession juridique de certaines valeurs, et mis provisoirement en fait dans la situation qu'il prétend fondée en droit. Exemple de ces *missiones* : Envoi en possession du demandeur en revendication, lorsque le défendeur *latitat, copiam sui non facit* (L. 7 § 16 et 19, *Quib. ex causis in poss.*) du fidéicommissaire réclamant la chose à lui léguée (Paul, *Sent.* IV, 1, § 15), etc. Ces *missiones* n'ont aucun rapport avec le *pignus.* Dans la deuxième classe, Dernburg range les *missiones* énumérées par la loi 1, *Quib. ex causis in poss.* : « *rei servandæ, legatorum servandorum, ventris, damni infecti causa.* » Ce sont ces dernières seules que les Romains ont assimilées au *pignus,* (Julien, L. 2, *Pr. pro hered.*), et qu'ils ont appelées *prætoria pignora.*

libérer ; ce délai passé, il ordonne la saisie. Nous savons par la loi 15, § 25 (*De re jud.*) que ses officiers s'emparaient d'abord des choses mobilières, comme les esclaves et les troupeaux ; puis des choses immobilières : enfin des créances non contestées. Quel était l'effet de cette saisie ? Simplement de donner la *custodia* des choses saisies aux officiers du magistrat afin d'assurer sur une valeur bien déterminée l'exécution du jugement. Il n'y avait donc aucune raison pour soustraire les créances à ce *pignus*.

85. Une dernière question nous arrêtera ici. Le *pignus nominis* est-il compris dans l'hypothèque générale des biens ? La loi 4, C., (*quæ res pign.*) nous autorise à répondre affirmativement ; résultat logique, puisque les *nomina* font partie du patrimoine. Le point suivant mérite d'être particulièrement examiné : Le créancier qui a une hypothèque générale va-t-il pouvoir, à l'aide de la *certioratio*, empêcher les débiteurs *oppignerati* de se libérer entre les mains de l'*oppignerator?* Huschke (*op. cit.*, p. 69) lui refuse ce droit pour deux raisons : d'abord parce que ce serait porter le trouble dans les rapports des débiteurs *oppignerati* avec l'*oppignerator;* ensuite, parce que le créancier hypothécaire n'a pas intérêt à faire cette *certioratio*, le *pignus nominis*, d'après une décision formelle de Scévola (L. 34, § 2, *De pig. et hyp.*), étant remplacé par un *pignus* sur la *res soluta*, en cas de payement fait à l'*oppignerator*. La première raison tombe devant ce principe que le créancier peut engager aussi bien que céder ses créances sans le consentement de ses débiteurs. Quant au texte de Scévola,

il constate un phénomène juridique qui, suivant nous, est l'effet ordinaire du *pignus nominis.* Ajoutons que refuser au créancier ayant hypothèque générale le droit de *certioratio*, ce serait le priver d'une des prérogatives les plus précieuses du *pignus nominis.* Or il n'y a pas de texte qui nous y autorise. Nous croyons, en conséquence, devoir repousser l'opinion d'Huschke.

DROIT FRANÇAIS

DU NANTISSEMENT DES CRÉANCES

Considérations préliminaires.

1. Nous avons vu comment les Romains étaient peu à peu arrivés à considérer les créances comme un élément de crédit. Mais surent-ils donner à cette idée tout le développement dont elle est susceptible? Il est permis d'affirmer le contraire. Sans doute le commerce était florissant chez eux. Troplong, dans la préface de son commentaire sur les sociétés, a tracé un vif et intéressant tableau du mouvement et de l'importance de leurs sociétés commerciales. Il y eut même à Rome, dès les premières années de la République, une bourse, un « *collegium mercatorum* », si nous en croyons le témoignage de Tite-Live (L. II, 27). Mais quelle était l'organisation de cette bourse? Quelles opérations s'y traitaient? Là dessus les textes du droit et de l'histoire sont muets. Les historiens comme les jurisconsultes s'occupaient peu alors

des conditions économiques de la société où ils vivaient, et particulièrement n'avaient pas le commerce en très-haute estime. Nous pouvons cependant sans témérité induire de leur silence que ce *collegium mercatorum* dont parle Tite-Live n'eut en aucune façon l'importance qu'ont prise de nos jours les institutions de ce genre. Qu'était ce *collegium* suivant toutes les vraisemblances ? On conçoit qu'à toute époque, à Rome comme dans toutes les grandes villes de l'antiquité, les marchands se soient réunis pour traiter de leurs intérêts communs. Ce n'était plus alors la grande assemblée du Forum avec les agitations de la politique intérieure et extérieure, c'était un simple club où se rencontrait une classe spéciale de citoyens, club qui représente à peu près la Bourse telle que la définit, d'une façon tout à fait insuffisante pour notre temps, l'article 71 du Code de commerce.

2. Quant aux sociétés commerciales des Romains, en dépit des textes que Troplong a si habilement mis en lumière (1), nous n'y saurions retrouver ce qui fait la puissance de nos grandes sociétés modernes, à savoir la rapidité de concentration et de circulation des capitaux qui y sont engagés.

Il n'y a pas lieu de s'en étonner; car les Romains ne connaissaient pas les deux ressorts principaux de nos sociétés modernes : l'association des capitaux, abstrac-

---

(1) « Je sais bien, dit Montesquieu (*Esprit des lois*, L. XXI, ch. XIV), que des gens pleins de ces deux idées, l'une que le commerce est la chose du monde la plus utile à un État, et l'autre que les Romains avaient la meilleure police du monde, ont cru qu'ils avaient beaucoup encouragé et honoré le commerce, mais la vérité est qu'ils y ont rarement pensé. »

tion faite des personnes, et cette espèce de titres si mobiles, si aptes à l'échange et à la circulation qu'on appelle les titres négociables. Comment expliquer que l'idée de ces institutions ait échappé à leur pénétration juridique?

3. Rappelons-nous qu'alors le commerce et l'industrie étaient surtout entre les mains des esclaves; et si la forme des associations modernes n'est pas incompatible avec l'existence de l'esclavage, puisque les maîtres peuvent s'associer, au moins est-il vrai de dire que la constitution sociale des États à esclaves est défavorable au développement du principe d'association. La situation des esclaves, quelquefois brillante en fait, restait toujours précaire en droit, et l'idée de s'associer entre eux ne pouvait leur venir, l'activité libre de chacun étant la première mise de fonds de toute société. Quant aux maîtres, ils étaient déjà à la tête de cette association qu'on appelle la *familia*, association qui embrassait tous les individus placés sous la dépendance du *pater-familias*, et qui contenait dans son unité complexe presque toutes les autres associations. Sans parler du mariage, *societas viri et uxoris*, ne retrouvons-nous pas l'idée de la commandite dans l'institution du pécule? l'esclave faisait fructifier au profit du maître le capital qu'il lui avait confié, et nous savons que le maître n'était pas tenu des obligations contractées par l'esclave au delà de ce capital. En dehors de ce cercle étroit, le contrat de société ne semble pas avoir trouvé d'application, au moins en tant qu'il se serait adressé à un grand nombre de membres.

4. Quelques auteurs prétendent que les Romains ont connu et pratiqué la société par actions; et ils citent l'exemple des sociétés organisées pour la ferme des impôts (2). Les textes qu'ils allèguent fussent-ils concluants, et il nous paraît fort douteux qu'ils le soient, toujours est-il que les actions de ces sociétés n'ont jamais pris la forme de titres à ordre et de titres au porteur. Ce deuxième élément a certainement manqué dans l'organisation des sociétés antiques.

Donc, pour nous résumer, revenant à notre sujet, nous dirons que les Romains n'ont eu qu'une forme de titres, les titres nominatifs; et c'est aux *nomina* ainsi conçus qu'ils appliquèrent le *pignus*.

5. Dans notre ancien droit, du temps de Pothier, les idées juridiques n'étaient pas plus avancées. N'avaient-elles même pas quelque peu rétrogradé? Écoutons le savant jurisconsulte d'Orléans : « A l'égard des choses incorporelles, telles que sont les dettes actives, elles ne sont

(2) Nous trouvons bien dans Cicéron, et notamment dans son plaidoyer contre Vatinius, § 12, le mot « *partes* » que l'on a voulu traduire par le mot actions. Mais comment concilier cette interprétation avec le caractère de la *societas vectigalium* qui dans sa forme ordinaire nous présente une agrégation d'individus liés par des rapports obligatoires, et non pas un capital fractionné en un certain nombre de parts transmissibles. Sans doute il y a dans cette sorte de société une particularité, c'est qu'elle n'est pas dissoute par la mort d'un *socius*; l'héritier du défunt peut être agréé pour le remplacer par les autres *socii*. Cet associé extraordinaire s'appelle *affinis*; il succède à la part de son auteur dans la fortune sociale; il participe aux pertes et aux bénéfices, mais il est exclu de la gestion des affaires (Tit.-Liv., *Hist.* XLIII, 16). De cette particularité à la conception moderne de l'action il y a bien loin; et il resterait en tout cas à prouver que Cicéron a bien eu en vue, dans son plaidoyer et dans d'autres passages que l'on pourrait citer, ce mode de participation des *affines* aux *societates vectigalium*.

pas susceptibles du contrat de nantissement, puisqu'elles
ne sont pas susceptibles d'une tradition réelle qui est de
l'essence de ce contrat ». Ce n'est qu'en note de son édition de 1766 qu'il ajoute : « Néanmoins j'ai appris, depuis l'impression de mon traité, qu'on avait introduit
dans notre jurisprudence française une espèce de nantissement de dettes actives, qui se fait de cette manière :
« Le propriétaire des dettes actives qu'on veut donner
en nantissement, en fait, par actes devant notaires,
transport à titre de nantissement, au créancier à qui
on les veut donner en nantissement, et lui remet en
mains les titres desdites dettes actives, qui consistent en
billets ou brevets d'obligation. Ce transport est ensuite
signifié au débiteur desdites dettes actives ». Cette espèce
de nantissement, ajoute Pothier, a été autorisée par un
arrêt de la Cour des aides du 17 mars 1769, au profit
du marquis de Girardin contre les directeurs des créanciers du sieur Roussel, fermier général. Ledit sieur Roussel, débiteur envers le marquis de Girardin d'une somme
de 400,000 livres, lui avait donné en nantissement, dans
la forme telle que nous venons de l'exposer, une créance
de 310,000 livres qu'il avait sur les fermes générales
pour avances par lui faites contenue en quatre récépissés
du receveur des fermes. La Cour a jugé valable ce nantissement, et accordé au marquis de Girardin le même
privilége sur cette créance de 310,000 livres dont on
l'avait nanti que celui que des créanciers, à qui on aurait
donné en nantissement une chose corporelle, auraient
sur cette chose. (Vol. V, p. 393, éd. Bugnet.) Le président Favre (Conject. VIII, 15 et 16), plus large que

Pothier, admettait le *pignus nominis*. Il faut croire que dans le dernier état de l'ancien droit le gage de créance commençait à être pratiqué; car nous lisons dans la *Correspondance secrète*, 1778 : « Les Monts de piété (3) ont beaucoup de succès. On y prête sur des effets mobiliers *comme sur des lettres de change*, et les chalands abondent. »

6. Le Code Napoléon n'eut qu'à consacrer ce dernier état de la jurisprudence et de la pratique. Il organisa dans les articles 2075 et suivants le gage des créances mobilières. Le titre du Code civil relatif au nantissement fut décrété le 5 germinal an XII (26 mars 1804); le titre du Code de commerce, où il est question du nantissement, fut promulgué le 20 septembre 1807. Si nous jetons les yeux sur la cote de la Bourse, telle qu'elle paraissait dans les journaux de cette époque, nous y trouvons mentionnées deux ou trois valeurs seulement. Il est évident qu'elles constituaient une fraction bien minime de la fortune privée; aussi nous expliquons-nous sans peine que le législateur de 1804 et de 1807 n'en ait pas tenu grand compte. Son rôle sur l'avenir des valeurs mobilières n'en a pas moins été décisif; il a été l'initiateur de cette grande révolution à laquelle nous assistons de nos jours, et qui a déjà produit de si remarquables résultats, nous voulons dire la mobilisation des capitaux. C'est en effet le Code de commerce qui, d'une façon définitive, mettant fin aux hésitations et aux réactions du passé, consacra ces deux institutions

______

(3) Ils venaient d'être créés par lettres patentes de Louis XVI en date du 9 décembre 1777, enregistrées le 12 du même mois.

fécondes, l'action (4) et le titre au porteur (5), et en régla la combinaison, qui devait fournir de si puissants instruments au travail et à la civilisation. Le conseiller d'État Regnault de Saint-Jean d'Angely entrevoyait cette révolution lorsqu'il disait dans l'exposé des motifs du titre des sociétés : « S'il importait de favoriser la société en commandite, qui permet à tous propriétaires de capitaux de s'associer aux chances commerciales, qui donne un aliment à la circulation, qui ajoute à son activité, qui multiplie les liens sociaux par une communauté d'intérêts entre le propriétaire foncier et le fabricant, entre le capitaliste et l'armateur, entre les premiers personnages de l'État et le commerçant le plus modeste, il importait aussi d'empêcher les spéculations frauduleuses............ Les sociétés anonymes ou par actions ont dû fixer l'attention des rédacteurs du Code. Elles sont un moyen efficace de favoriser les grandes entreprises, d'appeler en

---

(4) L'origine des actions remonte vraisemblablement au XVIe siècle et elles étaient fort en honneur déjà sous Louis XIV. Les désastres de la banque de Law leur portèrent un premier coup dont elles commençaient à se relever lorsqu'arriva la révolution. La législation tourmentée de cette époque leur fut peu favorable. Une série de décrets (24 août 1793, 17 vendémiaire an II, 1 et 4 pluviose an II, 26 germinal II), les supprime ou en restreint l'émission. Ce n'est que le 30 brumaire an IV que les associations par actions furent de nouveau pleinement autorisées.

(5) Le titre au porteur est né au commencement du XVIIe siècle. Jugé d'abord « comme très-pernicieux au roi et à la société civile. » (Vauban, *Dîme royale*, p. 83), puis interdit en mai 1716 par un édit, autorisé quelque temps après (21 janvier 1721) par une déclaration du roi, interdit de nouveau par l'article 22 du décret du 8 novembre 1792, il ne conquit sa place parmi les institutions juridiques définitives que quelques années avant la rédaction du code (décret du 25 thermidor an III). Mais il était alors bien rarement mis en usage par les sociétés industrielles.

France les fonds étrangers, d'associer la médiocrité même, et presque la pauvreté, aux avantages des grandes spéculations, d'ajouter au crédit public et à la masse circulant dans le commerce. »

7. Ce ne fut cependant qu'un certain nombre d'années après la promulgation du Code que les sociétés devinrent communes en France. C'est depuis 1836 particulièrement, époque à laquelle remontent les premières concessions de chemins de fer, qu'elles prirent une extension considérable dont il est facile de se rendre compte en jetant les yeux sur la cote actuelle de la Bourse : cette cote ne comprend que les titres susceptibles d'être négociés à la Bourse, titres qui sont de diverses natures et peuvent être classés de la façon suivante :

1° Les rentes et obligations de l'État et des municipalités ;

2° Les actions et obligations des compagnies de commerce, d'industrie et de finance ;

3° Les fonds étrangers.

8. Si nous remplissions ce vaste cadre, si nous énumérions tous les titres qui s'y peuvent ranger, en indiquant la valeur des capitaux engagés dans cette multitude d'entreprises qu'ils représentent, les chiffres s'accumuleraient, et le total serait considérable. Pour fixer les idées prenons un exemple. Voyons quelle est l'importance des capitaux engagés dans les chemins de fer.

Le Répertoire méthodique de la législation des chemins de fer, publié par le ministère des travaux publics, constate que les dernières fusions ont réuni en six faisceaux quarante-deux compagnies qui elles-mêmes comportaient déjà des rachats et des réunions. Voici pour les six compagnies subsistantes la composition qui paraît définitive du capital-actions :

Nord	525,000	actions.	210 millions.
Est	584,000	»	292 »
Lyon	800,000	»	400 »
Orléans . . .	600,000	»	300 »
Ouest	300,000	»	150 »
Midi.	250,000	»	125 »
Total.	3,059,000	actions.	1,477 millions.

Quant au capital-obligations, voici comment il était constitué au 31 décembre 1865 (comptes rendus de 1866) :

Nord.	332,120,322 francs.
Est	736,499,853 »
Lyon	1,496,594,583 »
Orléans.	728,976,808 »
Ouest.	664,803,386 »
Midi	431,000,000 »
Total.	4,389,994,953 francs.

En présence de ces résultats, on ne sera pas étonné que l'ensemble des valeurs mobilières cotées à la Bourse soit évalué approximativement à 25 ou 30 milliards. Cette partie de la fortune publique et privée a donc pris une importance extrême. Il est un autre fait sur lequel nous voulons insister, c'est la division de cet énorme capital entre d'innombrables mains. Les rentes sur l'État nous en fourniront la preuve.

9. C'est surtout la consolidation des livrets de caisses d'épargne, à la suite de la Révolution de février, qui a multiplié le nombre des inscriptions de rente, et créé sur le grand-livre une sorte de division de la propriété mobilière, qui correspond à la division de la propriété du sol (6). Au 1er janvier 1848, le nombre total des inscriptions de la dette publique était de 291,808, qui percevaient 241,808,965 francs de rente. Dès le 1er janvier 1849, le chiffre des inscriptions montait à 747,744, et le chiffre des rentes à 280,844,519 francs. Notre intention n'est pas de nous arrêter longuement sur ces détails statistiques. Il serait superflu de faire remarquer que les nombreux emprunts de l'Empire, ainsi que le dernier emprunt pour la libération de notre territoire ont singulièrement augmenté le nombre des porteurs de titres de rente. Terminons sur ce sujet par une citation intéressante. A la fin de 1869, date du dernier rapport au ministre de l'agriculture et du commerce, le nombre des caisses d'épargne était monté à 609, et celui des succursales à 648; les livrets s'élevaient à 2,130,768, et le total des sommes dues aux déposants dépassait 711 millions. Les différents rapports entre le nombre total des livrets et le chiffre légal de la population nous donnent, en 1849, un déposant sur 71 habitants, et en 1869, un

(6) Le décret du 7 juillet 1848 relatif à la consolidation des livrets de la caisse d'épargne a réduit à cinq francs le minimum des coupures de rentes inscriptibles au grand livre de la dette publique, minimum fixé à dix francs par la loi du 17 avril 1822. Ce n'est que depuis 1864 que ce minimum est appliqué aux rentes au porteur.

déposant sur 18 habitants ». (Rapport sommaire fait au nom de la 14ᵉ commission d'initiative parlementaire par M. le comte de Bagneux, *Journal officiel* du 10 février 1873.) (7) Ces chiffres sont éloquents. Rappelons-nous en effet qu'une loi du 30 juin 1851 a considéré comme une opération normale et réglé la transformation successive des capitaux déposés en titres de rente sur l'État.

10. Multiplication à l'infini et diffusion des valeurs, voilà les deux traits principaux de cette révolution que nous appelons la mobilisation du capital. C'est par là que le capital est devenu plus mobile que la marchandise et plus circulant que les produits de l'industrie. L'association par actions a tout envahi et tout bouleversé : comptoirs d'escompte, assurances, établissements de crédit, voies de communication, métallurgie, docks, ports, voiturage, marine, mines, propriété bâtie. L'antique hypothèque elle-même, grâce à la Société de Crédit foncier, est devenue un instrument de mobilisation. Le Crédit foncier émet des obligations qui ont pour gage les hypothèques consenties par ses emprunteurs ; c'est une véritable monnaie hypothécaire. Bien plus, ceux qui lisent de loin dans l'avenir prévoient déjà le jour où le travail agricole sera concentré entre les mains d'associations

(7) Ce rapport conclut à la prise en considération d'un projet de loi relatif à la réorganisation des caisses d'épargne. Tout en laissant aux caisses d'épargne leur caractère d'institutions libres, on voudrait dans ce projet de loi, les rattacher à un des grands services de l'État, qui, étendant son action sur tous les points du territoire, pût multiplier les lieux de dépôt et les rendre par là même accessibles à la masse de la population et surtout de la population rurale. On pense que les percepteurs des contributions directes seraient les agents de l'État les mieux posés pour servir d'intermédiaires entre les déposants et les caisses d'épargne.

puissantes, et la propriété mobilisée sous forme d'actions. Est-ce là une utopie ? Peut-être, mais nous n'oserions l'affirmer en présence des révolutions qui, de notre temps, se sont accomplies dans les conditions économiques de la société.

11. Toutes les actions, toutes les obligations, en un mot, toutes les valeurs en circulation affluant à la Bourse, une seule définition convient à cet établissement : c'est le marché aux capitaux.

12. Nous l'avons dit plus haut, le germe de la richesse mobilière existait en 1807, le législateur dont la mission n'est pas de précéder les faits, mais d'en découvrir et d'en fixer la loi lorsqu'ils se sont produits, avait trouvé ces deux forces, la société par actions et le titre au porteur, combinées par la pratique ; il les rapprocha dans la loi. Plus tard la pratique organisa ces deux forces avec une puissance nouvelle ; la loi n'était plus en rapport avec ces développements. Il fallut la compléter. C'est ce qui explique une nombreuse suite de lois dont les principales sont celles de 1856, de 1863, de 1867 sur les sociétés, celle de 1863 sur le gage commercial, celle de 1871 sur les titres au porteur.

13. La loi de 1863 sur le gage doit être particulièrement l'objet de notre étude ; nous aurons à l'expliquer en détail. Mais, dès à présent, nous pouvons dire que cette loi était non-seulement opportune, mais indispensable. En effet, ce qu'elle réorganise surtout, c'est le gage des titres négociables. Or il est évident que les règles posées par les rédacteurs du code étaient trop étroites pour l'importance nouvelle d'un contrat dont la matière est

aujourd'hui si vaste. Le nantissement n'est plus cè contrat suspect qui, à l'époque où les meubles étaient de peu de valeur, servait surtout aux usures pratiquées par les Juifs et les Lombards. « L'emprunt sur gage, dit M. Vernier, rapporteur du projet de loi, est entré de nos jours dans le monde des affaires grandes et honnêtes. Il y multiplie la fortune mobilière, déjà si considérablement accrue, et il l'aide à se répandre dans le pays, pour féconder le travail, sous toutes ses formes. Le contrat de gage a conquis l'affranchissement et la liberté. » Ces paroles mesurées indiquent toute la portée de la loi de 1863.

Cette loi venait en son temps, elle n'était que le couronnement logique des faits, et cependant elle a été sévèrement critiquée.

14. On a dit (8) qu'elle avait dépassé le but, et qu'en levant pour tous les barrières sagement établies par le code, elle courait la chance de favoriser la fraude. Le législateur avait déjà tempéré la rigueur de ses prescriptions primitives, mais sans affaiblir la protection due aux tiers. Ainsi par la loi du 8 septembre 1830 et le décret du 26 mars 1848 on avait substitué au droit proportionnel un droit fixe de 2 francs. On pouvait réduire plus encore ce droit, le supprimer même, mais dispenser de l'enregistrement c'est dangereux, à moins, ajoute-t-on, que le créancier ne présente des garanties complètes. Or des lois spéciales avaient affranchi des formalités des art. 2074 et 2075 les créanciers qui se trouvaient dans

(8) Bédarride, *Du gage et des commissionnaires*.

cé cas. C'étaient pour la Banque de France, la loi du 3 mai 1834 et les décrets des 3, 28 mars, 8 mai 1852 et du 9 juin 1857, pour le Crédit foncier, le décret du 25 juin 1857, pour les Magasins généraux, la loi du du 28 mars 1858, etc. Donc la loi de 1863 est dangereuse; d'un autre côté elle est inutile, car le gage ne s'implantera jamais dans les habitudes commerciales. L'emprunt sur gage ne sera que la ressource dernière des commerçants aux abois.

Un simple coup d'œil jeté sur l'état de situation de la Banque publié tous les huit jours nous permettra de répondre à cette dernière assertion. Au 30 janvier 1873 les avances sur titres figurent sur cet état pour une somme de 95 millions environ; au 31 décembre 1872, ces mêmes avances figurent sur l'état de situation du Crédit foncier pour une somme de plus de 10 millions. En face de pareils chiffres, serait-on fondé à prétendre que le nantissement n'est pratiqué que dans des circonstances exceptionnelles? L'appréciation vraie de ce contrat n'est-elle pas plutôt dans les paroles du rapporteur que nous citions plus haut (9)?

Quant au point de savoir si la nouvelle loi en supprimant les formalités n'a pas laissé le champ libre à la fraude, nous pensons avec le rapporteur « qu'entraver les conventions utiles et honnêtes pour empêcher le dol

____

(9) « Il multiplie la fortune mobilière, » dit le rapporteur. A l'appui de ces paroles, citons ce fait que dans presque toutes les sociétés d'assurances contre l'incendie, ou sur la vie, l'apport des actionnaires se fait pour le tout ou pour partie sous la forme d'un nantissement de valeurs mobilières. Il n'y a point là un phénomène spécial; mais l'effet ordinaire du nantissement s'y présente avec un relief plus saisissant.

de s'y introduire n'est plus l'œuvre de notre temps. Donner à l'honnêteté toute sa carrière, et atteindre la fraude quand elle se montre, sont les idées vraies qui sont destinées à pénétrer de plus en plus dans nos lois. » Ajoutons qu'il n'y a aucune raison pour concéder en cette matière un privilège à certains établissements de crédit, car si les entraves sont gênantes pour eux, elles le sont pour tous.

15. Si nous avions à critiquer la loi, nous lui reprocherions, non pas d'avoir dépassé le but, mais de ne l'avoir pas atteint, et d'être une œuvre incomplète. Pourquoi, en effet, avoir laissé subsister au civil ce qu'on croyait ne pas devoir respecter en matière commerciale? Pourquoi n'avoir pas, en supprimant la distinction du gage civil et du gage commercial, tari une source toujours vive de controverses et de procès? La commission, dans son rapport, demandait qu'au moins pour le gage constitué sur fonds publics ou sur valeurs de commerce et d'industrie les formalités du code civil fussent en tout cas écartées. Ce serait une brèche ouverte dans l'organisation du gage civil. « Mais où serait l'inconvénient? dit le rapporteur. Les articles 2073 et suivants ne sont pas à coup sûr le dernier mot de la législation civile sur le gage; dans l'ordre civil aussi on entrevoit la nécessité prochaine de faciliter à de grands intérêts la pratique de cette convention; là, comme dans l'ordre commercial, les formalités en gênent et en empêchent l'usage. Qui ne voit, par exemple, tout le profit que pourrait tirer l'agriculture, pour l'établissement et l'extension du crédit qui lui manque, des facilités que le projet réserve au gage

commercial? Il y a des perspectives d'utilité et de richesses bien faites pour tenter le législateur de notre temps, et votre commission est heureuse de pouvoir constater dans son rapport que ses vœux et ses espérances pour une réforme prochaine dans ce sens ont été partagés par MM. les commissaires du gouvernement. »

16. De cette déclaration émanée de ceux même qui ont coopéré à la réforme de 1863, nous sommes fondés à conclure que cette réforme a été trop timide. Nous appelons de tous nos vœux la loi nouvelle que le rapporteur semble nous promettre ; elle rajeunira les textes vieillis et un peu discrédités du code civil en cette matière, et mettra dans cette partie de notre législation l'unité et l'harmonie qui lui manquent.

Quoi que nous puissions attendre de l'avenir, notre devoir est de nous en tenir aujourd'hui à la loi telle qu'elle existe, et d'en résoudre les difficultés. C'est la tâche que nous allons essayer de remplir.

DÉFINITION ET DIVISION DU SUJET

17. Le mot gage en droit français, comme le mot *pignus* en droit romain, a plusieurs significations qu'il importe de préciser. Dans un sens très-large, il s'applique à toute garantie acquise par un créancier sur les biens de son débiteur, même à cette garantie générale et indéfinie consacrée par la loi dans l'art. 2093 : « Les biens du débiteur sont le gage commun de ses créanciers. » Dans un sens plus étroit, il est synonyme de « nantisse-

ment mobilier » (art. 2072); mais, dans ce sens, il désigne d'abord le contrat lui-même, et ensuite soit le droit du créancier sur l'objet mobilier qui lui est engagé, soit la chose même remise en nantissement.

C'est le gage pris dans cette dernière acception et appliqué aux créances qui fera l'objet de notre étude.

---

18. Une division logique de cette matière résulte des distinctions suivantes :

1° Le gage est civil ou commercial;

2° Les créances engagées sont :

Ou nominatives et transmissibles suivant les règles de l'art. 1690, C. civil;

Ou nominatives et transmissibles par déclaration de transfert sur des registres spéciaux;

Ou bien à ordre et transmissibles par endossement;

Ou bien au porteur, et transmissibles par simple tradition;

3° Enfin le créancier gagiste est, ou n'est pas un établissement privilégié.

Suivant que l'une ou l'autre de ces circonstances existe ou n'existe pas, le nantissement des créances est soumis à des règles différentes.

Nous étudierons donc pour chacune des quatre catégories de créances ci-dessus énumérées : 1° les règles du gage civil; 2° les règles du gage commercial ; 3° les modifications apportées à ces règles par la situation privilégiée du créancier gagiste.

SECTION I

§ UNIQUE. LE GAGE EST CIVIL OU COMMERCIAL

19. Si dans l'analyse abstraite de notre sujet cette distinction se présente d'elle-même et semble résulter de la nature des choses, il n'est pas aussi simple de l'appliquer à la matière concrète des engagements humains et de discerner en pratique si les actes soumis à l'appréciation des tribunaux rentrent dans la catégorie du gage civil ou dans celle du gage commercial. Essayons de déterminer quel signe caractéristique différencie ces deux sortes de gage, et devra servir de *criterium* aux juges.

20. L'idée de crédit, à laquelle se rattache étroitement la notion du gage, est-elle, comme on l'a quelquefois prétendu, essentiellement commerciale? Assurément non. C'est une idée générale dont on retrouve la marque dans des rapports de droit purement civils. En effet le crédit intervient dans la plupart des transactions humaines; il se produit non-seulement dans le prêt proprement dit, mais dans toute prestation à terme d'un capital, d'une valeur ou d'un service quelconque. Ulpien exprimait déjà très-nettement cette idée dans la loi 1, D., *De rebus creditis* (*Lib. 26, ad edictum*) : § *E re est*, dit-il, *priusquam ad verborum interpretationem perveniamus, pauca de significatione ipsius tituli referre. Quoniam igitur multa*

ad contractus varios pertinentia jura sub hac titulo præ-
tor inseruit, ideo rerum creditorum titulum præmisit.
Omnes enim contractus, quos alienam fidem secuti insti-
tuimus, complectitur; nam...... credendi generalis appel-
latio est : ideo sub hoc titulo prætor, et de commodato, et
de pignore edixit : nam cuicumque rei adsentiamur alie-
nam fidem secuti, mox recepturi quid ex hoc contractu,
credere dicimur. Rei quoque verbum, ut generale, prætor
elegit. » Il est impossible d'exprimer avec plus de fer-
meté l'idée sur laquelle nous insistons ici.

« Le crédit dans son ensemble, dit un économiste (10),
est l'échange perfectionné avec des moyens qui suppléent
à la monnaie ou en augmentent les services. » L'échange,
au sens économique du mot, a pour objet l'aliénation des
produits, du travail et des services présents et livrés sur-
le-champ ; le crédit a pour objet des produits ou des services à venir ; il établit dans la société un courant conti-
nuel d'avances sous les formes les plus variées. Ces
avances constituent des opérations commerciales ou
civiles. Un teinturier vend à terme, c'est-à-dire avance,
des laines teintes au fabricant d'étoffes : opération commerciale. Le fabricant d'étoffes avance du drap au tail-
leur : opération commerciale encore. L'avoué avance à
son client les frais d'un procès : opération civile. Le
propriétaire avance à son locataire la jouissance d'un
appartement : opération civile. Toutes ces opérations produisent des créances qui, en général, donnent lieu à la
création de titres représentatifs (actes notariés, billets,

(10) Garnier, *Traité d'économie politique.*

lettres de change, etc.), payables à terme ; ce sont précisément ces titres dont la circulation habilement combinée supplée à la monnaie, pour emprunter les expressions de notre économiste, ou en augmente les services.

21. Ces titres sont purement fiduciaires, c'est-à-dire fondés sur la confiance du créditeur dans la probité et la solvabilité du crédité, ou bien ils sont garantis par des sûretés personnelles ou réelles, c'est-à-dire par des cautions, des gages ou des hypothèques. Lorsque le gage porte sur une créance, il y a ceci de remarquable, qu'un papier de crédit sert de garantie à un autre papier de crédit ; rien n'est en effet plus variable que la valeur des papiers de crédit. Comme ce sont, en définitive, des assignats sur des patrimoines déterminés, leur valeur dépend de la signature qu'ils portent, du *nomen*, comme l'avaient si bien compris les Romains.

22. Après ces explications préliminaires, revenons à notre question, qui est de savoir dans quel cas une des sûretés réelles ci-dessus mentionnées, le gage, prend le caractère d'un acte civil ou le caractère d'un acte commercial.

Remarquons d'abord que le gage étant créé pour servir de sûreté à une créance est essentiellement accessoire. On a pu dire, avec raison, que le gage s'incorpore tellement à la créance qu'il garantit, qu'il en devient en quelque sorte une qualité intégrante et inséparable. Il n'y a pas ici deux rapports de droit simples et distincts : une obligation et un gage ; il n'y a qu'un rapport de droit complexe : une obligation garantie par un gage. Cette obligation une et indivisible doit donner naissance à une procédure une et indivisible. Non-seulement cette solution est imposée par la logique, mais l'intérêt même des parties la commande. Pourquoi, en effet, leur imposer des charges plus lourdes en les faisant comparaître devant deux juridictions différentes? Donc, unité et indivisibilité de procédure et d'action. Mais quel tribunal sera compétent? ou, ce qui est la même question, sous une autre forme, quelles règles appliquerons-nous à l'acte présenté à la justice? Les règles du Droit civil ou celles du Droit commercial? Ici apparaît cette théorie du principal et de l'accessoire, qui joue un si grand rôle en matière de compétence commerciale; nous n'hésitons pas à l'appliquer à notre question. La créance principale, la créance garantie par la créance engagée est-elle civile? le gage est civil. Est-elle commerciale? le gage est commercial (11).

23. Une créance est commerciale lorsqu'elle a pour fondement un acte de commerce, peu importe que l'auteur de cet acte soit un commerçant ou un non-commerçant. Or, la loi a pris soin, dans le titre deuxième du livre IV, C. de comm., d'énumérer limitativement les différentes catégories d'actes de commerce. Nous sommes donc ramenés à une question générale de compétence en matière commerciale, et à cette distinction, dont la loi s'est contentée d'esquisser les grandes lignes, entre les actes commerciaux et les actes non-commerciaux. Nous n'avons pas l'intention de nous engager sur ce terrain de discussions délicates et subtiles.

(11) Cass. 4 Prairial an XI, sous l'empire de l'ordonnance de 1673. Montpellier, 11 février 1842.

Il nous suffit d'avoir indiqué la marque distinctive du gage civil et du gage commercial. Un texte relatif au gage confirme cette indication. L'article 91 du Code de commerce (Loi du 23 mai 1863), désigne de la façon suivante le gage commercial : « Le gage constitué soit par un commerçant, soit par un individu non-commerçant, *pour un acte de commerce.* » D'où nous concluons que le gage constitué par un commerçant, et *a fortiori* par un non-commerçant, s'il ne se rattache pas à un acte de commerce, est un nantissement civil. Pour résumer, nous formulons cette règle : pour décider si, dans une espèce quelconque, il y a gage civil ou gage commercial, il faut considérer, non pas la qualité des parties contractantes, mais la nature de l'acte intervenu.

SECTION II

THÉORIE DU GAGE DES CRÉANCES EN MATIÈRE CIVILE ET EN MATIÈRE COMMERCIALE

CHAPITRE Ier

Du nantissement des créances nominatives transmissibles suivant les règles de l'article 1690, C. N.

PREMIÈRE PARTIE — DROIT CIVIL

24. L'article 2071 du code Napoléon est ainsi conçu : « Le nantissement est un contrat par lequel un débiteur remet une chose à son créancier pour sûreté de la dette. » Pothier, que les rédacteurs du code ont pris pour guide, ici comme ailleurs, avait donné par anticipation le commentaire de ce texte. Voici comment il s'exprime dans son *Traité sur le nantissement*, n.º 4 : « Il est de l'essence du contrat de nantissement : 1.º qu'il y ait une chose qui en soit l'objet ; 2.º qu'il intervienne une tradition réelle de cette chose, si elle n'est déjà par devers le créancier à qui elle est donnée en nantissement ; 3.º qu'elle lui soit donnée afin qu'il la détienne pour sûreté de sa créance. Nous allons insister sur ces trois points auxquels se rattachent des conséquences importantes, et qui contiennent en germe toute la théorie du contrat de gage.

§ 1. — *Matière du nantissement.*

25. Ici la chose est une créance, et une créance nominative d'une certaine espèce. Notre matière est donc limitée assez étroitement ; mais cette matière ainsi limitée est précisément celle pour laquelle les articles 2075 et suivants ont été écrits ; en rapprochant l'article 2075 de l'article 1690, on voit qu'ils se réfèrent à la même classe d'actes juridiques. Nous allons donc, dans ce premier chapitre, exposer les règles générales du gage des créances ; sur ce fond commun se détachent, comme des particularités, les intéressantes questions que nous aurons à traiter dans les autres chapitres, et dont l'exposé complétera notre étude.

26. L'article 2075 ne vise que « les meubles incorporels, tels que les créances mobilières » ; moins large en ce sens que l'article 1690, il exclut toutes les créances immobilières qui, aux termes de l'article 526, sont des immeubles par l'objet auquel elles s'appliquent. Les Romains n'avaient pas fait cette distinction entre l'impignoration des meubles et celle des immeubles ; leur *pignus* s'appliquait aux uns et aux autres ; nous avons essayé de démontrer qu'il s'appliquait même aux créances sans se modifier. C'est dans le droit coutumier qu'apparaît la théorie consacrée par la loi moderne, dans les articles 2279 et 2119, C. N., théorie qui devait amener une révolution dans les idées venues de Rome, et assigner à l'hypothèque mobilière un caractère et des effets particuliers (12). Outre ces traditions de l'ancien droit, le système de la loi moderne s'appuie sur des raisons tirées de la nature des choses. Écoutons sur ce sujet le vieux jurisconsulte Loyseau (*Traité des offices*, liv. 3, chap. 5, nᵒˢ23 et suivants) : « Dont la raison, dit-il, n'est pas celle qu'on allègue vulgairemont, que *mobilium vilis est possessio*, pour ce que le plus ou le moins ne sont point de différence au droit ; mais il y en a trois autres pertinentes. L'une, que les meubles n'ont pas une subsistance permanente et stable comme les immeubles, et partant ne sont si propres à recevoir en soi, par la simple convention et sans qu'ils soient actuellement occupés, le caractère d'hypothèque, et à conserver ses effets..... L'autre, que les meubles peuvent facilement et sans incommodité être mis ès mains du créancier, les lui baillant en gage..... de sorte que, quand il n'y a que la simple convention sans nantissement, on peut imputer au créancier de n'avoir pas pris son assurance, comme il pouvait : ce qui n'est pas aux immeubles, dont il est malaisé et incommode de transférer la détention au créancier..... La troisième est que, si les meubles avaient suite par hypothèque, en vertu de la simple convention....., le commerce serait grandement incommodé, même aboly presque tout à fait, pour ce qu'on ne pour-

---

(12) Toutes les coutumes n'appliquaient pas de même la maxime : « meuble n'a pas de suite par hypothèque. » Les unes, comme celles de la Normandie, du Maine, de l'Anjou, attribuaient un droit de préférence à l'hypothèque constituée sur des meubles. Les autres, et c'était le plus grand nombre, lui refusaient ce qui constitue l'hypothèque, c'est-à-dire, et le droit de préférence et le droit de suite. « La suite par hypothèque, dit Loyseau, est quand un créancier suit son hypothèque *ou contre l'acquéreur ou contre le créancier postérieur.* »

rait pas disposer d'une épingle, d'un grain de bled, sans que l'acheteur en pust être évincé par tous les créanciers du vendeur. »

Donc, les créances ne peuvent faire l'objet d'un nantissement que si elles sont mobilières. Il faut, en second lieu, qu'elles soient cessibles; car, le nantissement ayant pour résultat possible et prévu par les parties la cession du droit engagé, il est absolument nécessaire, pour qu'il y ait accord entre les moyens et la fin, que ce droit soit cessible. « *Quod emptionem venditionemque recipit, etiam pignerationem recipere potest.* » (L. 9, § 1, *De pig. et hyp.*) Examinons quelles sont les créances qui remplissent cette double condition.

27. Les premières qui s'offrent à l'étude, à cause de leur importance et de leur nombre, sont les créances ayant pour objet le paiement d'une somme d'argent ou de toute autre chose mobilière; nous comprenons parmi ces créances celles dont le capital est inexigible, c'est-à-dire les rentes viagères et perpétuelles, dues par l'État ou par des particuliers.

Ces créances peuvent être conditionnelles; il va de soi que leur caractère mobilier n'en est pas altéré; mais leur cessibilité, dans ce cas, a été mise en question. Établissons rapidement que les créances conditionnelles restent cessibles; qu'elles aient pour objet des fruits ou un capital.

28. Lorsqu'il s'agit de créances de fruits, la question est particulièrement délicate; nous allons en peser avec

soin le pour et le contre. Montrons d'abord l'intérêt engagé dans cette controverse. Il s'agit de savoir si les cessionnaires à titre de transport ou de nantissement auront sur les récoltes futures, sur les fermages, loyers, arrérages ou intérêts à échoir, un droit de préférence qu'ils pourront opposer aux créanciers du cédant, ou bien, au contraire, si ces créanciers ne doivent pas venir à contribution sur ces valeurs non susceptibles d'aliénation à leur préjudice.

Aux termes de l'article 1130, les choses futures peuvent faire l'objet d'une obligation ; il semble donc, au premier abord, que les créances dont nous parlons peuvent être cédées efficacement. Mais voici le raisonnement qu'on oppose à cette induction. Pour qu'il y ait translation de propriété ou de possession, il faut une tradition soit réelle, soit fictive de la chose. Le Code civil n'a pas rompu avec les idées de l'ancien droit sur ce point. Les articles 1605 et 1607 reproduisent ce que disait Domat dans ses « lois civiles » (1re partie, liv. 1er, t. 2, sect. 2, nos 5 et suivants.) Or, des fruits futurs ne peuvent être tradés ni réellement, ni fictivement puisqu'ils n'existent pas. Dès qu'ils existent, l'article 547, C. civ., dispose qu'ils appartiennent au propriétaire du fonds par voie d'accession ; ils s'incorporent comme accessoire à la chose principale et forment avec elle un tout indivisible, qu'une simple convention de cession ne saurait désagréger. Décider le contraire, et consacrer au profit du cessionnaire un droit de préférence sur ces fruits, ce serait constituer en sa faveur un droit réel en dehors de ceux prévus par la loi. Il ne primera donc pas les créanciers du cédant postérieurs à la cession (13). La réponse est facile. Une créance ayant pour objet des fruits futurs est soumise à la condition suspensive « que les fruits naîtront, » condition purement casuelle. La cession de cette créance est affectée de la même condition. Dès que les fruits sont nés, la condition rétroagissant au jour du contrat (art. 1179, C. civ.), le cédant est réputé n'avoir eu aucun droit sur eux à partir de la cession par lui consentie. Mais, dit-on, la tradition n'a pu en être faite, le cessionnaire n'a pas été ensaisiné. Remarquons d'abord qu'on fait ici confusion entre la créance et la chose due ; c'est une cause d'équivoque qu'il faut écarter. Car ce n'est pas la chose due, c'est la créance qui est cédée. Sans doute la cession de la créance implique vente de la chose due, mais selon que l'opération a pour objet direct la créance, ou la chose due, les conditions de l'ensaisinement du cessionnaire sont différentes. Ces principes sont vrais aussi en matière de nantissement. Or la tradition d'une créance se fait aux termes des art. 1607 et 1689 par la remise du titre, du moins entre les parties ; vis-à-vis des tiers elle n'est parfaite que par la signification de la cession au débiteur cédé. Donc, le cessionnaire à titre de transport ou de gage d'une créance relative à des fruits futurs pourra être ensaisiné par la simple remise du titre et par la signification au débiteur cédé. Nous n'avons pas besoin de démontrer que l'art. 1138 en disposant que la tradition sera parfaite par le seul consentement des parties a rompu avec la doctrine professée

(13) En ce sens, Caen : 5 mai 1836, 5, 36, 2, 337 ; Paris, 9 avril 1840 *civ. cass.*, 7 août 1843, 5, 43, 1, 775.

par Domat et les anciens jurisconsultes sur la tradition; à nos yeux, cette question n'a pas d'intérêt dans l'espèce. Quant à cette prétendue indivisibilité entre le fonds et les fruits, elle ne nous paraît pas ressortir de l'art. 547 avec les conséquences qu'on en a tirées. S'agit-il de fruits civils? le créancier d'arrérages ou d'intérêts a deux créances; l'une relative au capital, l'autre à ces arrérages ou intérêts; toutes deux dérivent de deux obligations distinctes chez le débiteur. Pourquoi ces deux créances ne pourraient-elles être cédées séparément? S'il n'y a qu'un titre indivisible pour les constater, cette circonstance pourra donner lieu à des difficultés de tradition, mais ne saurait influer sur la solution commandée par les principes. Le propriétaire locateur, à côté de son droit de propriété, a une créance de loyers. Quoi de plus divisible que ces deux droits? Pourquoi ne pourrait-il céder ou engager séparément ses créances de loyers? Au surplus le cas a été prévu par la loi elle-même. La loi de 1855 sur la transcription dans son article 2, 5° soumet à cette formalité tout acte ou jugement constatant quittance ou cession d'une somme équivalente à trois années de loyers ou fermages non échus; elle reconnaît donc implicitement la validité d'une cession portant sur des fruits futurs. S'agit-il de fruits naturels? Le locataire ou fermier a une créance qui a pour objet direct un fait, « *uti frui licere præstare*, » pour objet indirect, des fruits à percevoir, une jouissance à exercer. Il serait absurde d'invoquer ici l'indivisibilité du fonds et des fruits, puisque le bail les a précisément mis dans des mains différentes. Nous croyons que le locataire ou fermier peut céder ou engager sa créance; si, sur ce point, il y a quelques difficultés en ce qui concerne la saisine du cessionnaire ou du gagiste à l'égard des tiers, nous les examinerons plus loin.

Si les créances conditionnelles ont pour objet un capital, nous dirons encore, en vertu de l'art. 1130, qu'elles peuvent être cédées, et par conséquent engagées. Ainsi peuvent être cédés et engagés l'action en indemnité contre une société d'assurances avant l'arrivée de l'incendie qui donnera ouverture à l'action (*Civ. cass.* 24, nov. 1840, S. 41, 1, 45); les droits à provenir d'œuvres littéraires, même simplement projetées et non composées, si ces œuvres ont été l'objet d'une convention entre l'auteur et un éditeur (Paris, 27 novembre 1854, S. 56, 2, 47), les créances qui pourront naître par suite de l'exécution de devis et marchés portant sur des ouvrages déjà déterminés (*Civ. Rej.*, 7 août 1843, S. 43, 1, 775).

29. Dans ces différents cas les cessionnaires à titre de transport ou de gage sont investis d'un droit privatif sur les créances conditionnelles à l'exclusion des créanciers du cédant, droit qui prend date au moment de la signification aux débiteurs cédés. Cette signification joue ici un rôle analogue à celui de l'inscription hypothécaire en matière de créances conditionnelles. Aux termes de l'art. 2132, on évalue approximativement la créance, et on requiert inscription. Quel va être le sort de l'hypothèque? Elle prend rang du jour de l'inscription, dit l'art. 2134. L'événement de la condition vivifie rétroactivement l'effet de cette formalité.

30. Les créances peuvent être garanties par une hypothèque. Elles n'en sont pas moins mobilières: « Car, dit Pothier, quoique l'hypothèque soit un droit dans la chose, et soit, par conséquent, à le considérer en lui-même, de nature immobilière, néanmoins, comme ce droit n'est qu'un accessoire des créances, une créance qui a pour objet quelque chose de mobilier, n'est pas moins une créance mobilière quoiqu'elle soit accompagnée d'hypothèque; car ce n'est pas de l'accessoire que la chose principale tire sa nature, mais c'est au contraire l'accessoire qui doit suivre celle de la chose principale. » Les nombreux auteurs, qui décident en vertu de la règle a *accessorium sequitur principale* » que l'hypothèque, si elle garantit une créance mobilière, comme c'est l'ordinaire, est elle-même mobilière (14), tombent dans une exagération que Pothier avait sagement évitée.

31. Les créances peuvent avoir pour objet une obligation alternative ou une obligation facultative. Dans le premier cas, lorsqu'une chose mobilière et une chose immobilière sont dues sous une alternative, la créance suit la nature de celle des deux qui aura été payée ou offerte au créancier. Il s'ensuit que le nantissement d'une semblable créance ne peut être que conditionnel; il dépend de l'option du créancier (art. 1190). Il n'en est pas de même dans le second cas; là une seule chose est due,

---

(14) En ce sens : Delvincourt, III, p. 293. — Demante, *Prog.*, I, 525. — Troplong, *Du louage*, I, 17. — Marcadé, *Sur l'art.*, 526, n° 4. — Demolombe, IX, 471 et 472. — *Contra*, Aubry et Rau, § 165, note 4.

mais le débiteur a la faculté de payer une autre chose à la place ; la créance suit alors la nature de la chose qui est due, et non de celle qui aura été payée à sa place. La prestation accessoire qui est *in facultate solutionis* n'a point d'influence sur le caractère de la créance. Nous en trouvons des exemples dans les articles 1681, 894 du C. civil. L'article 1471 C. civ. relatif à la créance en reprise pour récompenses dues à l'un ou à l'autre des époux a donné lieu à de graves controverses, auxquelles l'arrêt solennel de la Cour de cassation du 16 janvier 1858 paraît avoir mis fin. La doctrine qui se dégage de cet arrêt et qui nous paraît conforme aux principes et aux textes est celle-ci : Les reprises de la femme dans la communauté ne s'exercent, soit qu'elle renonce, soit qu'elle accepte, qu'à titre de simple créance, en concurrence avec les autres créances, et non à titre de propriété et par voie de prélèvement ; elles constituent une créance mobilière garantie par une hypothèque. Quel est, en effet, l'objet direct et immédiat de cette créance ? C'est la restitution de la valeur des propres inexistants, c'est-à-dire le payement d'une somme d'argent. L'art. 1471 indique un mode de règlement d'après lequel subsidiairement les immeubles pourront être l'objet du prélèvement de la femme, mais qui ne change pas le caractère essentiel de la créance en reprises ; le payement en immeubles est non pas *in obligatione*, mais *in facultate solutionis* (15). Il y a cette particularité dans l'obligation

______

(15) En vain nous opposerait-on l'art. 883, suivant lequel le partage étant déclaratif et non attributif, le caractère de la créance en reprises serait déterminé par la nature de l'objet donné en payement à l'époux.

facultative incombant au mari comme chef de la communauté que l'option des immeubles à donner en payement appartient non pas au débiteur suivant le droit commun, mais à la femme créancière ou à ses ayants cause. La créance de la femme mariée pour ses reprises est donc mobilière, elle peut donc être donnée en gage. Cette conclusion est-elle vraie sous tous les régimes matrimoniaux? non. Elle est vraie pour les femmes mariées sous le régime de la communauté, pour les femmes mariées sous le régime exclusif de la communauté, sans stipulation du régime dotal, pour les femmes mariées sous le régime de la séparation de biens, enfin pour les femmes mariées sous le régime dotal lorsque le nantissement ne porte que sur des reprises paraphernales; mais elle n'est pas vraie pour les femmes mariées sous le régime dotal, lorsqu'il s'agit de reprises dotales; car les reprises dotales sont inaliénables.

31. Précisons le sens de cette inaliénabilité, qui depuis 1837 paraît être admise comme un axiôme par la jurisprudence. La dot mobilière est inaliénable, dit la jurisprudence, en ce sens que la femme ne peut par aucun acte compromettre ses reprises dotales, ni par conséquent l'hypothèque légale destinée à les garantir, ni faire servir par une voie quelconque sa dot mobilière au payement des obligations qu'elle contracte. Dans le cadre res-

Pour que cette objection fût admissible, il faudrait prouver 1° que l'art. 883 a bien la portée générale qu'on veut lui donner ; 2° que l'opération prévue dans l'art. 1471 est, non pas une opération préliminaire servant à déterminer la consistance de la masse à partager, mais un des actes mêmes du partage (Sic Aubry et Rau, § 544. — Troplong, I, p. 374 et 400. — *Req. Rej.*, 1er juin 1862, S. 62, 1, 829).

treint de cette étude nous ne pouvons approfondir ni discuter ce système, qui au point de vue légal soulève de graves objections, mais qui a sa raison d'être dans le développement considérable qu'ont pris les valeurs mobilières. Constatons-en seulement les résultats au point de vue spécial où nous nous plaçons. La femme ne peut donner en nantissement en dehors des cas prévus par les art. 1555 à 1559 C. civil, les créances dotales dont elle est restée titulaire et dont son mari a seulement la jouissance (art. 1554); quant à celles dont son mari a la propriété, et dont la valeur pécuniaire estimée par le contrat est seule *in dote*, elle ne peut engager sa créance en reprise de cette valeur (16). Le mari au contraire peut céder ou engager les premières comme administrateur de la dot; les secondes, comme propriétaire (17); il peut encore engager l'excédant éventuel des fruits et des revenus dotaux sur les besoins de la famille. Voilà la situation faite aux époux sous le régime dotal. La garantie de la femme contre les pouvoirs très-étendus donnés au mari, c'est la responsabilité personnelle et hypothécaire de ce dernier. Après la séparation de biens, ce système survit : il est même aggravé par la jurisprudence. Car le mari pouvait à titre d'administrateur aliéner la dot mobilière; la femme, par la séparation, succédant à la plé-

---

(16) *Req. Rej.*, 1866, 1er août, S. 66, 1, 363. — *Civ. cass.*, 6 décembre 1859 (60, 1, 644).

(17) Si aux termes de l'art. 1549, 3° la femme avait été autorisée par contrat de mariage à toucher annuellement sur ses seules quittances une partie de ses revenus dotaux, elle pourrait les engager valablement dans la mesure de ce qui ne serait pas indispensable pour les besoins du ménage; elle pourrait par exemple donner en nantissement quelques-unes de ses créances d'arrérages ou d'intérêts.

nitude du droit d'administration dont l'exercice était confié au mari, il semble qu'elle doive aussi pouvoir aliéner la dot mobilière ; ce qui en maintes occasions est une nécessité d'administration. Or la jurisprudence maintient inexorablement le principe de l'inaliénabilité du mobilier dotal lorsque la séparation est intervenue entre les époux (18). Nous ne saurions souscrire à cette solution. Nous pensons avec un arrêt de la Cour de Caen du 22 août 1823 (19), avec un grand nombre d'auteurs, tels que Troplong (n° 3259, *Contrat de mariage*), Marcadé (*Sur l'art.* 1554), Berthauld (*Traité de la subrogation*) que la femme séparée pourra faire elle-même tout ce que son mari pouvait faire comme administrateur responsable. Mais, dit-on, la femme n'aura plus ici la garantie de la responsabilité personnelle et hypothécaire de son mari. Nous ferons remarquer que le seul effet réel de l'indisponibilité de la dot mobilière est précisément d'empêcher la femme d'abdiquer cette garantie. Si cette garantie n'existe plus, à quoi bon maintenir l'indisponibilité de la dot? L'effet n'existant plus, la cause doit disparaître. Nous déciderons donc que la femme séparée peut aliéner et par conséquent engager les créances qui font partie de la dot mobilière, mais cela dans les limites d'une sage administration (20).

(18) *Cass.*, 14 nov. 1846. — *Cass.*, 14 nov. 1867, S. 68, 1, 17.
(19) S. 1825, 1, 172.
(20) Mais de cette aliénabilité il ne faudrait pas conclure à la saisissabilité de la dot mobilière. Nous ne concédons à la femme séparée le pouvoir d'aliéner sa dot mobilière qu'à titre de mesure conservatoire, d'acte de gestion. Or l'aliénation forcée résultant d'une saisie ne saurait être considérée comme un acte d'administration.

32. Nous venons d'étudier un cas d'incessibilité légale, ou du moins prétendue telle par la jurisprudence ; la loi dans ce cas est déclarative de la volonté des parties ; elle règle les effets du contrat qu'elles ont passé. Il est d'autres cas où la loi, en déclarant incessibles certaines créances, n'est pas seulement déclarative, mais attributive de droit. Telles sont les pensions militaires et civiles, celles de la Légion d'honneur, les traitements de réforme, ainsi que les traitements d'activité des militaires et des fonctionnaires publics, les rentes viagères de la caisse des retraites pour la vieillesse, les rentes viagères attachées à la médaille militaire, les créances d'aliments (21). Lorsque ces dernières naissent d'un acte de libéralité la question de savoir si elles sont cessibles soulève une vive discussion. Les articles 581 et 1004 (C. proc. civ.), et 1293 (C. civil) disposent qu'elles ne peuvent faire l'objet ni d'une saisie, ni d'un compromis, ni d'une compensation légale. En faut-il conclure qu'elles ne peuvent être cédées? La plupart des auteurs et la jurisprudence, s'appuyant sur le principe que les restrictions apportées à la liberté des conventions doivent être entendues dans un sens étroit, décident que le créancier d'aliments ne peut être privé malgré lui des arrérages de sa pension, mais qu'il peut en disposer par acte

---

(21) L'incessibilité de toutes ces créances n'est pas absolue. Des dispositions spéciales indiquent pour quelles causes et dans quelle mesure certaines d'entre elles sont saisissables et par conséquent cessibles. V. Avis du conseil d'État des 22 décembre, 14 janvier 1808. L. du 18 avril 1831, art. 28. L. du 10 avril 1831, art. 30. L. du 19 mai 1834, art. 20. L. des 8 mars, 12 et 18 juin 1850, art. 5, al. 3. L. du 9 juin 1853, art. 18. Art. 582, *C. proc. civ.*

volontaire (22). En sens contraire, on fonde sur les articles 1003 et 1004 combinés une argumentation qui nous paraît irréfutable. La restriction apportée au droit de compromettre par l'art. 1004, C. proc. civ., peut être fondée, comme l'indisponibilité dont elle dérive, sur l'une ou l'autre de ces deux causes : Incapacité des parties, ou inaliénabilité de la chose. La première cause est accidentelle et spéciale, car tous les créanciers d'aliments ne sont pas incapables; ceux qui le sont peuvent cesser de l'être; la seconde cause est essentielle et générale; l'article 1004 d'après sa rédaction se rattache évidemment à cette dernière cause; et formule en termes très-larges une règle absolue : « On ne peut compromettre sur les dons et legs d'aliments... » Pourquoi? Parce qu'on n'en a pas la libre disposition (L. 1003). On n'en a pas la libre disposition, non parce qu'on est incapable (ce sens donné à l'art. 1003 en ferait une disposition surérogatoire), mais parce que la créance d'aliments est indisponible (23). Écarter l'idée de l'indisponibilité des aliments, décider qu'on pourra les céder à titre onéreux ou gratuit, mais qu'on n'a point la faculté d'en faire l'objet d'un compromis, c'est consacrer deux solutions contradictoires, ou ôter toute base rationnelle à l'art. 1004. A cette raison de droit, qui nous paraît concluante, ajoutons cette considération, que l'incessibilité des aliments s'accorde mieux que la thèse contraire avec l'intention du donateur ou du testateur, qui a été d'assurer au créancier

(22) *Req. Rej.* 1er avril 1844, S. 44, 1, 468.
(23) Sic Aubry et Rau, § 359, note 18.

d'aliments un secours efficace et de le garantir contre ses propres entraînements.

33. S'il est souvent possible de conclure de l'insaisissabilité à l'incessibilité des créances, cette conclusion n'est pas vraie absolument et dans tous les cas. Nous sommes amenés à parler ici des rentes sur l'État, bien qu'elles ne se transfèrent pas suivant le mode indiqué par l'art. 1690, C. civ. (24), et qu'elles ne rentrent pas dans le cadre de ce chapitre. La loi les déclare insaisissables, mais ce n'est pas dans une idée de protection pour le crédirentier, c'est dans un intérêt de crédit public. Ici manque le fondement de l'indisponibilité absolue que pour les créances d'aliments nous trouvions dans l'art. 1004. Aussi n'a-t-il jamais fait doute pour personne que les rentes sur l'État ne soient cessibles. Mais peuvent-elles être données en nantissement? On a essayé de le nier, mais vainement (25). Il y a en effet une grande différence entre l'aliénation forcée qui résulte d'une saisie, et la vente, qui résulte éventuellement de la mise en gage d'une valeur. D'un côté c'est la main de justice qui pèse sur un débiteur récalcitrant; de l'autre, c'est le dénoû-

---

(24) L. du 28 floréal an VII. — D. du 13 thermidor an XIII, L. 1ᵉʳ.

(25) Paris, 13 janvier 1854. S, 54, 2, 209. Aujourd'hui la question est tranchée législativement. Dans l'art. 6, 2° de la loi du 15 juin 1872, relative aux titres au porteur, il est question d'un nantissement constitué en titres de rentes sur l'État. « Si nous avons mentionné spécialement les rentes sur l'État, dit le rapporteur de la loi, c'est parce que l'un de nos honorables collègues nous a fait remarquer que, à raison de leur caractère d'insaisissabilité, un doute pourrait s'élever sur la question de savoir si cette espèce de titre était de nature à être un élément utile d'un nantissement. C'est pour ce motif que nous ayons spécifié que le nantissement pourra être constitué en titres de rentes sur l'État.

ment prévu d'un arrangement dont les conditions ont été librement débattues entre les parties.

II. 34. Passons à l'étude des créances correspondant à des obligations de faire ou de ne pas faire.

On s'est demandé notamment si la créance correspondant à l'obligation contractée par un tiers de construire un immeuble constitue une créance mobilière. La raison d'en douter, c'est que l'objet de la créance ici paraît être l'immeuble à bâtir; or, pour déterminer la nature d'une créance, c'est l'objet de cette créance, qu'il faut considérer. Mais la vérité est que l'objet de la créance, c'est le fait de construire un immeuble; l'immeuble n'est que le résultat de l'obligation accomplie. Donc nous déciderons que le droit correspondant à cette obligation est mobilier, et peut être engagé.

35. Le bail confère au preneur une créance, qui a pour objet un fait, que le bailleur s'est engagé à prester « *uti frui licere præstare* » disent les Romains. Cette créance est-elle mobilière, même lorsque la location porte sur un immeuble? On répondait dans le sens de l'affirmative; et cette question ne se posait même pas avant l'introduction par le président Troplong d'une idée qui jusqu'à lui ne s'était fait jour ni dans la doctrine ni dans la jurisprudence, l'idée que le preneur a un droit réel dans l'immeuble loué (26). Soutenue avec force et avec éclat, cette idée a donné lieu à une controverse des plus vives, qui paraît terminée aujourd'hui à l'avan-

(26) Cette théorie fut émise pour la première fois dans le journal *le Droit* du 26 avril 1836.

tage des partisans des anciennes traditions. Nous sommes de ces derniers, et nous indiquerons brièvement les raisons qui nous ont éloigné du camp opposé.

36. Voici en substance les arguments invoqués par le président Troplong (27) :

L'art. 1743 renverse les théories admises jusque-là ; il transforme en droit réel le droit du preneur qui d'après le droit romain maintenu par notre ancienne jurisprudence passait pour un droit personnel. C'est donc une véritable révolution opérée par l'art. 1743 dans cette partie du droit, révolution peu éclatante sans doute, puisque c'est en 1836 seulement qu'elle se révèle. Quoi qu'il en soit, voilà le fait législatif qui sert de base à la théorie nouvelle. Ce fait, il faut le prouver. Dans ce but on invoque deux sortes d'arguments, les uns directs, puisés dans les travaux préparatoires du code, les autres indirects, tirés des conséquences incontestables de l'art. 1743, et qui démontreraient l'innovation subrepticement opérée par le législateur comme un effet trahit sa cause. Or ni les uns ni les autres ne sont à notre sens concluants. On fait d'abord observer que le tribun Jaubert parlant de la décision de l'art. 1743, et se référant à ce qui avait déjà été fait par la loi des 28 septembre, 8 octobre 1791 (T. 1, S. 2, art. 2 et 3) en faveur des baux ruraux, exprime l'avis « qu'il fallait compléter la réforme. » On en conclut avec raison que le germe de l'art. 1743 était

____

(27) Il est assez remarquable que la Cour de cassation n'ait jamais consacré la doctrine du premier Président. *Civ. cass.*, 26 mars 1861, 21 février 1865, S. 65, 1, 113. La Cour de Paris s'est laissée plus facilement convertir. Paris, 24 juin 1858, S. 59, 2, 146 ; 29 mars 1860, S. 60, 2, 122 ; 8 juillet 1861, S. 62, 2, 274.

dans la loi de 1791. Cette loi de 1791 dispose qu'en cas d'aliénation de l'immeuble affermé le bail, s'il est de six années, ne pourra être résilié que de gré à gré. Donc on avait déjà rompu en 1791 avec les traditions que les Romains avaient léguées à l'ancien droit (L. *Æde*, 3, C., *loc. conducto*. L. *Emptorem*, 9, *eod. Tit.*). Mais nous ne voyons pas encore apparaître le nouveau principe qui fonde la réalité du droit du preneur. C'est le tribun Mouricault, dans son rapport, qui pose le nouveau principe. « On ne peut, dit-il, transmettre à autrui plus de droits qu'on en a soi-même, » paroles décisives, si l'on admet que le preneur a un droit réel, insignifiantes au contraire, s'il n'a qu'un personnel. Or il a un droit réel (et ici nous passons à la deuxième classe d'arguments, qui se résument en deux mots), il a un droit réel parce qu'aux termes de l'art. 1743 les tiers détenteurs de l'immeuble loué sont liés au bail, en d'autres termes parce que le bail confère au preneur un droit absolu qu'il fait valoir contre eux sans recourir à son bailleur : ce qui est le caractère du droit réel. Les conséquences de l'art. 1743 sont donc en harmonie avec les idées exprimées par ceux qui l'ont rédigé.

37. Nous répondons que l'innovation dont il s'agit ne ressort nullement des travaux préparatoires. La loi de 1791 dispose que les baux de six années et au-dessous seront respectés par l'acquéreur, à moins, ajoute la loi, qu'il n'y ait une clause contraire dans les baux. Singulier droit réel, dont l'existence dépendra de la volonté des parties ! Mais il y a plus : les baux de plus de six ans ne seront pas respectés par l'acheteur qui voudra cultiver lui-même. Donc ici pas de droit réel. Voilà, il faut l'avouer,

des dispositions étrangement contradictoires. Aussi le tribun Jaubert s'est-il bien gardé de rattacher ces dispositions de la loi de 1791 et celle de l'art. 1743 à l'idée d'un droit réel conféré au preneur. A ses yeux, c'est l'intérêt de l'agriculture qui les a dictées, et non l'analyse théorique et abstraite des rapports juridiques du bailleur et du preneur. Mais, dit-on, les paroles du tribun Mouricault ne peuvent s'expliquer que par l'idée d'un droit réel concédé au preneur. Sans doute d'après les paroles prononcées par ce tribun, et d'après l'art. 1743, le droit du preneur sera respecté par l'acquéreur comme s'il était réel. Mais est-ce parce que le droit du preneur est réel que l'acquéreur est obligé de le respecter, ou bien l'acquéreur est-il forcé d'entretenir le bail, quoique le droit du preneur ne soit pas réel? Voilà comment la question doit être posée. Le président Troplong pour la résoudre affirme ce qui est en question. C'est un droit réel, dit-il. Il faudrait prouver d'abord que l'art. 1743 ne peut s'expliquer autrement que par la réalité du droit du preneur. Or il peut s'expliquer par l'idée d'une convention tacite par laquelle le vendeur impose à l'acquéreur l'obligation d'entretenir le bail (28). Quant aux effets de l'art. 1743, nous nous bornerons à faire remarquer : 1° Que l'obligation de respecter le bail n'est pas imposée à tout détenteur ou possesseur de la chose louée, et ne pèse que sur les ayants cause du bailleur ; 2° qu'aux termes de l'art.

(28) Papinien avait déjà donné cette explication dans une hypothèse spéciale.... *Sed colonum quidem percipere (fructus) debere ; emptorem vero pensionem ejus anni accepturum, ne fiscus colono teneretur, quod ei frui non licuisset, atque si hoc ipsum in emendo convenisset....* L. 50, D. *De jure fisci.*

1727 le preneur actionné par un tiers en délaissement de la chose louée est tenu d'appeler le bailleur et doit être mis hors d'instance, s'il l'exige, résultats qui sont incompatibles avec la notion d'un droit réel, d'une « *facultas in rem competens, sine respectu ad certam personam.* » Enfin nous invoquons la définition de l'art. 1709 empruntée à Pothier, et d'après laquelle l'obligation du bailleur a pour objet le fait de procurer une jouissance ; nous invoquons encore l'ensemble des articles du chapitre du code civil sur le louage, où éclate dans chaque décision la personnalité du droit du preneur.

De tout ce qui précède, il résulte que l'innovation rêvée par le président Troplong n'a pas de racines ni dans le passé, ni dans le présent ; car elle n'est pas prouvée historiquement, et elle se heurte contre une foule de dispositions qui la contredisent. La théorie du président Troplong n'est, en résumé, qu'une pétition de principe qu'il a vainement essayé d'antidater en la faisant remonter aux travaux préparatoires du Code, et qui véritablement est née sous sa plume en 1836.

Donc, quelle que soit du reste l'explication que l'on donne de l'article 1743, il est vrai de dire, ce qui est pour nous le point intéressant, que la créance du preneur est personnelle, et peut être donnée en gage.

38. En dirons-nous autant du droit qui naît de l'emphytéose temporaire ? C'est là encore une question fort controversée. La jurisprudence (29) et beaucoup d'au-

---

(29) *Civ. rej.*, 17 novembre 1852, S. 52, 1, 747. — *Civ. cass.*, 23 février 1853, S. 53, 1, 206. — *Civ. cass.*, 26 avril 1853, S. 53, 1, 445. — *Civ. rej.*, 26 janvier 1864, S. 64, 1, 91.

teurs pensent que le droit de l'emphytéote est un droit immobilier susceptible d'hypothèque : ce qui exclut la possibilité du gage. Nous ne pouvons adhérer à ce système, bien qu'il soit conforme aux traditions de l'ancien droit. Nous sommes de ceux qui tiennent grand compte de la tradition ; c'est l'arme la plus sûre contre les interprétations arbitraires : la logique, appuyée sur la tradition, ne peut guère mener à l'erreur. Mais ici n'y a-t-il pas eu rupture, sinon éclatante, du moins évidente, avec la tradition ? Parcourons rapidement les faits de législation relatifs à cette matière. Dans l'ancien droit, on reconnaissait généralement à l'emphytéote un droit de domaine utile. Ce droit lui fut conservé par le décret des 18-29 décembre 1790, relatif au rachat des rentes foncières : Art. 1er...... Il est défendu de plus à l'avenir créer aucune redevance foncière non remboursable, sans préjudice des baux à rentes ou emphytéoses, et non perpétuels, qui seront exécutés pour toute leur durée et pourront être faits à l'avenir pour 99 ans et au-dessous..... Mais dans les lois hypothécaires du 9 Messidor an III et du 11 Brumaire an VII, le législateur ne considère plus l'emphytéose sous le même jour ; il n'y voit plus qu'un droit réel de jouissance sur la chose d'autrui. Enfin les rédacteurs du Code gardent sur le caractère et les effets de l'emphytéose un silence absolu. Est-ce un immeuble incorporel ? Silence de l'article 526. Est-ce un démembrement de la propriété ? Silence de l'article 543. Est-ce au moins un bien susceptible d'hypothèque ? Silence de l'article 2118 ; ou susceptible d'expropriation forcée ? Silence de l'article 2204. Que faut-il conclure de ce silence? Répétons ce que déclarait formellement Tronchet dans la discussion sur l'article 2118 (Locré, législ. XVI, p. 253, n° 3) « qu'on ne s'est pas occupé de l'emphytéose parce qu'elle n'a plus d'objet ». En effet, c'est un simple bail qui se distingue des baux ordinaires par une durée plus longue.

En l'absence de toute disposition législative, quels peuvent donc être les signes auxquels la jurisprudence reconnaît l'emphytéose? A la longue durée du bail, à la modicité du loyer ou du fermage, à l'obligation pour le preneur de faire des améliorations sans pouvoir en réclamer le prix à la fin du bail. Tels sont les signes auxquels s'attache la Cour de cassation (arrêt du 26 janvier 1864. S. 64, 1, 91). Comme si ces circonstances de fait pouvaient modifier la nature du droit! Il est évident que nous sommes ici en plein arbitraire.

Pour nous, en l'état actuel des textes, le droit de l'emphythéote est un droit mobilier susceptible, non d'hypothèque, mais de gage.

III. 39. Abordons en troisième lieu cette classe toute particulière des droits qu'on appelle actions ou intérêts dans les sociétés. Nous avons à rechercher si ces actions ou intérêts peuvent être engagés; en d'autres termes, si ce sont des créances mobilières et cessibles.

Sur ce dernier caractère, il n'y a pas doute quant aux actions; il peut y en avoir quant aux intérêts. Déterminons d'abord le sens de ces deux mots : « actions et intérêts ». Ils expriment une idée commune; ils désignent le droit que chaque associé acquiert en échange de son apport; droit à une part dans les bénéfices éventuels, et, la société dissoute, droit à une part du fonds social. Toutefois ils diffèrent juridiquement l'un de l'autre. Fixer la distinction fuyante qui les sépare n'est pas une tâche facile. M. Beudant (*De l'intérêt et de l'action, Revue critique*, T. XXXIV) nous paraît l'avoir remplie avec succès en dégageant une idée qui, dans l'ouvrage de M. Bravard, n'est pas exprimée avec assez de netteté. Voici comment il s'exprime : « Le caractère de l'action ressort suffisamment des circonstances économiques qui ont provoqué l'avénement des sociétés par actions. Jusqu'à elles on n'avait songé à fonder le crédit que sur la responsabilité personnelle. Au principe de la responsabilité personnelle elles ont substitué la puissance des capitaux réunis par l'agglomération. La société traditionnelle ou par intérêts est formée *intuitu personæ*, dans la société par actions l'*intuitus personæ* est remplacé par l'*intuitus pecuniæ*. L'individualité des associés importe peu, l'apport seul est pris en considération. C'est cette substitution de rapports pécuniaires aux rapports de personnes qui a transformé l'intérêt en action (30) ». Ainsi ce qui

(30) Voici comment s'exprime sur cette révolution dans le crédit un publiciste célèbre : « En dépit de l'hypothèque, le crédit, dans les conditions anciennes, était moins réel que personnel. On prêtait ses capitaux soit à des agriculteurs soit à des industriels dont la bonne foi, la capacité, l'expérience, formaient encore pour le prêteur la plus sûre garantie.... Puis, une fois les fonds remis, le capitaliste ne pouvait plus se déprendre.... Le capitaliste était rivé à l'hypothèque; sa position était fixe, comme le capital qu'il avait fourni à l'entreprise. Pour lui plus de délivrance avant l'heure solennelle du remboursement. Maintenant, grâce à la mobilité de l'action, le capital est délivré de toutes ses entraves, en même temps que l'emprunteur rencontre plus de facilités. Le crédit, entièrement dépersonnalisé, est devenu tout réel. On

constitue l'action, ce n'est pas, comme on l'a prétendu, l'égalité des divisions du capital, la négociabilité des titres, l'appel au public ; ce sont là seulement des signes qui peuvent aider à reconnaître l'action, et en ce sens ils ont leur importance pour éclairer les juges, car ils manifestent l'intention des fondateurs de la société au moment où ils fractionnent le capital. Y a-t-il eu, à ce moment où le pacte social était formé, *intuitus personæ* ou *intuitus pecuniæ* ? Voilà le point à considérer. Il pourra arriver que, d'après les statuts sociaux, même si l'*intuitus personæ* a présidé à la formation de la société, les parts soient cessibles à de certaines conditions. La société n'en est pas moins une société par intérêts, car ici la cessibilité est exceptionnelle. Il y a au contraire société par actions toutes les fois que les cessions de parts ont été considérées comme des éventualités normales ; auquel cas il est manifeste que les associés en contractant n'ont eu que l'*intuitus pecuniæ*, quelques dénominations qu'ils aient d'ailleurs données aux coupures du capital. Le vieux précepte de Montaigne « qu'il faut voir les mots par les choses, non les choses par les mots » doit être ici la loi du juge.

L'action et l'intérêt sont donc cessibles, la première essentiellement ; le second, accidentellement. Ils peuvent

disait jadis : Tant vaut l'homme. On dit maintenant : Tant vaut la chose. Or, puisque l'on prête sur la chose, que fait le nom de l'homme dans le contrat? On prête à l'entreprise, non au gérant. Dès lors plus d'autre enquête que celle qui se traduit en un compte de recettes et de dépenses. Quant à la durée du prêt, elle n'embarrasse plus : pour l'entreprise, aussi longue qu'on voudra ; pour les capitalistes, résiliable à toute heure, par la transmissibilité de l'action. » (Proudhon, *Manuel du spéculateur à la Bourse*).

donc faire l'objet d'un nantissement. Nous ne parlons pas dans ce chapitre des créances cessibles par transfert, par endossement, ou par tradition. Nous sommes ainsi amenés à cette question : L'action et l'intérêt peuvent-ils être cédés avec les formalités prévues par l'article 1690, C. civil ?

40. Avant de la résoudre, il importe de préciser la nature de cette sorte de créances. Sont-elles mobilières ? L'affirmation résulte de l'art. 529 : « Sont meubles par la détermination de la loi..... les actions ou intérêts dans les compagnies de finance, de commerce ou d'industrie, encore que des immeubles dépendants de ces entreprises appartiennent aux compagnies. Ces actions ou intérêts sont réputés meubles à l'égard de chaque associé seulement, tant que dure la société ».

Remarquons que la loi ne statue que pour les sociétés de commerce, de finance et d'industrie. Que déciderons-nous pour les sociétés civiles ? La réponse à cette question est une seconde question. Y a-t-il des actions et des intérêts dans les sociétés civiles, en d'autres termes, les formes de société organisées par le Code de commerce sont-elles exclusivement réservées aux sociétés commerciales ? La négative nous paraît fondée en raison. Une société est une agglomération de forces réunies pour atteindre un but ; c'est un instrument dont la puissance est immense ; c'est par excellence l'arme de la spéculation. Le commerce s'en est servi et l'a perfectionnée. Est-ce là un motif pour en restreindre l'emploi dans les limites un peu arbitraires de la commercialité légale ? Dans les affaires humaines, le domaine de la spéculation est in-

— 157 —

fini ; pourquoi dans la législation lui faire sa part, et soustraire à son action fécondante les opérations dites civiles? Cela ne serait ni raisonnable ni logique. Allégue-rait-on du moins quelque texte qui autorisât cette ri-gueur? Non. Le Code de commerce a organisé la société en nom collectif, la commandite, l'anonymat, mais sans aucune pensée d'exclusion, uniquement parce qu'il a trouvé ces formes consacrées par la pratique commer-ciale. Donc pas de textes prohibitifs. Il est facile au con-traire d'en trouver qui démontrent péremptoirement que l'application aux sociétés civiles des formes commerciales est une idée admise par le législateur. Contentons-nous de citer, sans plus long commentaire, les art. 8 et 32 de la loi de 1810 sur les mines; l'art. 14 de la loi du 5 juin 1850 sur le timbre; l'art. 50 de la loi de 1867 sur les sociétés; enfin le nouvel article 93 du Code de commerce. (L. de 1863, sur le gage commercial.) Ces textes nous donnent le droit de repousser l'argument à *contrario* que l'on tire de l'art. 529. Lorsqu'une société civile par son objet aura revêtu une forme commerciale, elle restera civile, mais elle n'échappera pas aux conséquences juri-diques de cette forme en tant qu'elles seront conciliables avec son caractère civil (31).

44. Les actions et intérêts sont meubles, dit l'ar-ticle 529, même si les compagnies sont propriétaires d'immeubles. On explique généralement cette décision

(31) Par exemple la solidarité entre associés en nom, la limitation des pertes à la mise, la représentation des parts sociales par des titres au porteur, l'anonymat ne sont pas incompatibles avec le caractère des sociétés civiles. Mais la prescription établie par l'art. 64, *C. comm.* ne saurait s'y appliquer.

en présentant les intérêts et les actions comme des créances sur la société, être moral qui représente les associés sans se confondre avec eux, et sur la tête duquel reposent tous les droits actifs et passifs constituant les biens communs. Quelle est au juste la portée de cette fiction ? Pouvons-nous dire que les associés sont vis-à-vis de la société, être moral, de véritables créanciers ? Évidemment non ; car ils ne peuvent pas, comme les obligataires, la faire mettre en faillite ; et ils sont tenus indéfiniment ou jusqu'à concurrence de leur apport des dettes sociales. La société n'est donc qu'une débitrice fictive. En réalité, les actions et les intérêts sont des droits *sui generis*, ayant le double caractère de créances quant aux dividendes et de droits de copropriété quant au fonds social. Tant que dure la société, ce dernier caractère reste virtuel, mais il n'en existe pas moins, et il faut en tenir compte pour ne pas exagérer l'idée de la personnification de la société. Quel est l'objet de cette personnification ? C'est de soustraire le fonds social aux agissements particuliers des associés, et de l'affecter spécialement aux affaires et aux engagements de la société. Toutes les conséquences qui concourent à ce but sont légitimement tirées de la fiction admise par la loi, mais aller plus loin serait illogique. Aussi, revenant à la question que nous posions plus haut, déciderons-nous que les formalités de l'article 1690 ne s'observent pas en matière de cession d'actions et d'intérêts, par cette raison, que la société, être moral, n'est pas une débitrice au sens de cet article, lequel vise des débiteurs réels, non des débiteurs fictifs. Le mode civil de cession pour les actions et intérêts, c'est la vente telle que la présentent les articles 1582 et 1583 ; la tradition s'opère dans la forme indiquée par l'article 1607.

Cette manière de voir s'éloigne de l'opinion commune ; il y a ici une vive controverse que nous analyserons plus loin en détail, et qui a un grand intérêt pour notre sujet. Nous l'avons déjà dit, l'article 2075 a une étroite affinité avec l'article 1690. Écarter l'article 1690, c'est du même coup écarter l'article 2075.

42. Suivant l'article 529, il y a deux périodes à distinguer dans l'existence juridique des actions et des intérêts (32). Nous venons d'expliquer rapidement ce qu'ils sont tant que dure la société. Après sa dissolution, les associés passant à l'état de simple communauté indivise, les actions et les intérêts ne sont plus que des titres de copropriété du fonds social, qui peut être composé des valeurs les plus diverses : immeubles, créances, brevets d'invention, procédés industriels, droit au bail, etc. Si bien souvent l'être moral survit à la dissolution de la société, ce n'est que pour les besoins de la liquidation ; la société garde alors sa personnalité fictive pour liquider ses affaires, c'est-à-dire pour dégager l'actif et former la masse partageable ; la liquidation achevée, l'être moral s'éteint définitivement, et il ne reste plus qu'une indivision.

Dans les sociétés civiles qui ont pris la forme civile,

(32) En pratique, les actions ou intérêts sont considérés moins comme étant des droits éventuels à une part indivise dans un fonds commun, que comme des capitaux productifs d'intérêts et de dividendes et réalisables à volonté par la vente en Bourse. C'est à ce point de vue surtout qu'il est intéressant de les étudier.

il n'y a pas d'être moral, il y a une simple indivision ani-
mée par les rapports personnels qu'engendre l'association
entre les intéressés ; la société dissoute, ces rapports sont
liquidés, et il ne reste plus qu'une masse indivise à partager.

Donc, dans les sociétés civiles comme dans les sociétés
commerciales, même résultat final : une masse indivise à
partager. On peut dire qu'à ce moment il n'y a plus ni
intérêt, ni action ; il n'y a plus que des droits, déterminés
dans leur valeur, mais indéterminés dans leur objet, et
dont l'événement du partage fixera la nature. L'article 1690 n'est nullement applicable à de pareils droits.

§ 2. — *Forme du gage des créances.*

Il faut, dit Pothier, qu'il intervienne une tradition réelle de la chose
engagée.

43. Nous étudierons, sous cette rubrique, la constitution du gage : 1° entre les parties contractantes ; 2° vis-
à-vis des tiers.

Les conditions de la constitution du gage sont extrinsèques ou intrinsèques. Nous appelons *conditions extrinsèques* les formalités qui sont pour ainsi dire la mani-
festation extérieure du gage, formalités énumérées par
l'article 2075, rédaction d'un acte, enregistrement,
signification au débiteur ; *conditions intrinsèques*, les
circonstances dont la constitution de gage dépend en
elle-même, circonstances dont parle l'article 2076, mise

en possession de la créance engagée, maintien de cette possession.

1° Constitution du gage entre les parties contractantes.

44. Entre les parties contractantes aucune de ces conditions n'est exigée pour la validité du gage. Ce point indiscutable résulte de la lettre même des articles 2075 et 2076, dont l'unique objet est l'établissement du privilége ; or, ce privilége est l'effet du contrat vis-à-vis des tiers. Du reste, c'était déjà la théorie consacrée par l'ancien Droit. Jousse, dans son commentaire de l'ordonnance de 1673 (art. 8 et 9, t. 6), dit que les parties contractantes n'étaient pas reçues à s'opposer entre elles l'inaccomplissement des formalités requises vis-à-vis des tiers. Pothier (nantissement n° 17) fait la même observation. Donc, entre les parties contractantes, la preuve de l'existence du gage et de la possession de la créance à titre de gage, est sous l'empire du droit commun. A défaut d'acte écrit, elle pourra se faire par l'aveu du débiteur (art. 1354-1356), par son refus de prêter le serment ou de le référer (art. 1357-1365), et même par la preuve testimoniale, s'il s'agit d'un cas où l'on puisse y avoir recours (articles 1341, 1347 et 1348).

45. L'article 1325 ne s'applique pas en matière de nantissement, car, ainsi que nous le verrons plus loin, c'est un contrat synallagmatique imparfait. Toutefois, il sera prudent au débiteur de faire rédiger un double original, afin que l'un étant remis au créancier, qui a besoin

d'un titre pour faire valoir son privilége, l'autre lui reste entre les mains, et qu'il puisse ainsi déjouer la mauvaise foi et se faire restituer les créances engagées.

46. Le nantissement et la cession ont de grandes analogies. Nous avons essayé de démontrer, dans la première partie de notre travail, que le nantissement est une cession limitée à des fins particulières, et que les Romains l'avaient ainsi considéré. Aussi, ne devons-nous pas nous étonner de voir appliquer à ce contrat beaucoup des règles de la cession, ni de la difficulté que le juge rencontréra maintes fois à discerner deux opérations qui ont tant de traits communs. Plus il est facile de les confondre, surtout à cause de la rédaction équivoque et mal conçue de la plupart des actes, plus il importe de préciser nettement les caractères qui les différencient.

Quels sont donc ces caractères? L'intérêt de la question est évident. S'agit-il d'un transport? Le cessionnaire va pouvoir disposer de la créance comme de chose lui appartenant. S'agit-il au contraire d'un nantissement? Le créancier gagiste est lié par l'obligation de restituer la créance engagée; il ne peut en faire usage ni en disposer à quelque titre que ce soit, car cette créance ne peut servir qu'aux fins prévues par le contrat. Voilà pour les parties contractantes. Vis-à-vis des tiers, le contraste des deux situations est plus accentué encore. S'agit-il d'un transport? Le créancier, maître de la créance, n'a point à se préoccuper des agissements de ceux qui ont traité ou qui traitent avec son auteur; ces tiers, en dehors du cas de fraude prévu par l'article 1167, n'ont aucun droit à faire valoir contre lui. S'agit-il au contraire d'un nantissement? Les créanciers du titulaire de la créance vont saisir arrêter cette créance, une distribution par contribution va s'ouvrir. Le gagiste devra se déclarer opposant, et, sous peine de forclusion, faire ses productions dans les délais voulus (art. 660, C. Proc. civ,). La question de savoir si le contrat soumis à l'appréciation des juges est un transport ou un nantissement a donc un grand intérêt. Nous allons chercher les moyens de la résoudre en étudiant les conditions constitutives du gage vis-à-vis des tiers. C'est ainsi que nous entrerons dans cette nouvelle matière.

2° *Constitution du gage des créances vis-à-vis des tiers.*

47. Dans la cession, l'analyse nous révèle deux éléments essentiels : le dessaisissement définitif du cédant au profit du cessionnaire et la stipulation d'un prix. Toute opération où manque l'un de ces deux éléments n'est pas une cession. S'il y a dessaisissement conditionnel, provisoire du cédant, s'il n'y a pas de prix, et que surtout apparaisse l'idée d'une garantie concédée pour sûreté d'une créance, à ces signes on reconnaît le contrat pignoratif. La difficulté est de les discerner sous l'ambiguïté des termes employés par les parties. Quelquefois même, le nantissement sera déguisé à dessein sous les apparences d'une cession. Dirons-nous, dans ce cas, avec MM. Aubry et Rau, que l'acte ne peut valoir comme nantissement? Sur quelles raisons s'appuyent-ils? Sur ce qu'un pareil acte n'indiquant pas le montant de la créance

pour sûreté de laquelle le gage est constitué, permettrait d'étendre après coup l'exercice du privilége à des créances que le gage n'avait pas dans l'origine pour objet de garantir. Mais, si précisément le prix stipulé dans cet acte apparent de vente indique le montant de la créance garantie (ce qui arrivera souvent en fait), si, d'un autre côté, cet acte remplit toutes les conditions extrinsèques et intrinsèqués exigées par les articles 2075 et 2076, pourquoi n'y pas voir un nantissement? Il faut s'attacher au fond des choses, non aux expressions dont les parties ont fait usage. La règle du juge sera donc celle-ci : pénétrer l'intention des contractants, et, dans le cas où l'idée d'un nantissement se ferait jour, s'assurer, sous les irrégularités apparentes de la forme, si les dispositions des articles 2075 et 2076 ont été observées (33).

48. Passons à l'étude de ces dispositions.

Art. 2075. — *Conditions extrinsèques de la validité du gage des créances.*

1° Rédaction d'un acte. Nous venons d'établir que les parties ont le droit de rédiger cet acte comme elles l'entendent. Pas de termes sacramentels, car la loi est muette sur ce point. L'acte de nantissement peut même être

---

(33) Ce que les parties pouvaient faire directement, elles l'ont fait indirectement. Pourquoi la loi refuserait-elle de sanctionner un acte qui n'est point frauduleux ? Aussi doit-on reconnaître qu'un acte ainsi fait est valable. Cette théorie, fondée en raison, tend de plus en plus à prévaloir dans les différentes matières du code. Nous la trouvons notamment consacrée pour les donations déguisées sous la forme de contrats à titre onéreux.

contenu dans un autre acte, par exemple, s'il est passé entre futurs époux, dans l'acte constatant les conventions matrimoniales (34). Les contractants ont donc toute liberté de préparer des tortures d'esprit aux interprètes futurs de leur contrat. Il est pourtant un point de rédaction qu'ils ne pourront omettre, c'est la fixation de la somme dont le payement est garanti par le gage. En effet, la raison d'être du gage, c'est de garantir ce payement ; donc, logiquement, la constitution du gage et la fixation de la créance garantie sont deux termes inséparables. Outre cette raison théorique, « la déclaration de la somme due, » pour emprunter les termes de l'article 2074, a un intérêt pratique très-grand ; elle empêchera le créancier gagiste de grossir sa créance et de frauder ainsi les droits des autres créanciers.

Remarquons que la rédaction d'un acte est nécessaire, même si la créance donnée en gage est de moins de 150 francs, car l'article 2075 ne reproduit pas l'exception que nous lisons dans l'article 2074 *in fine*. La raison en est simple : l'acte de nantissement devant être signifié doit nécessairement être écrit.

49. 2° Enregistrement. « Acte public ou sous seing privé, » dit l'article 2075 : s'il est sous seing privé, il doit être enregistré. « Il faut, dit Gary (rapport au Tribunat), que la remise du gage ou la convention dont cette remise est l'effet ait une date certaine qui exclut toute idée de fraude et de collusion. » Si tel est le but de la loi, nous n'éprouverons aucune difficulté à admettre des équipol-

_____

(34) *Sic* Bordeaux, 8 juin 1832, S. 32, 2, 655.

lents à la formalité de l'enregistrement et à compléter, à l'aide de l'article 1328, les dispositions de l'article 2075, qui ne peuvent être limitatives. Car, en définitive, il s'agit ici de prévenir les antidates. Or, l'article 1328 nous dit que la relation de la substance d'un fait juridique dans un acte public, ou la mort d'une des parties contractantes, assurent la certitude de la date aussi bien que l'enregistrement. Est-ce là une règle arbitraire qui soit fondée pour certains cas et pour d'autres ne le soit pas, à laquelle on puisse fixer une limite d'action, et, cette limite une fois posée, appliquer le mot de Pascal : « Vérité en deçà, erreur au delà ? » Non. L'article 1328 s'impose toutes les fois qu'il est question de date certaine, il consacre une règle de simple bon sens. Mais, disent MM. Aubry et Rau, en fait de privilége tout est de rigueur ; donc, l'enregistrement exigé par l'article 2075 est indispensable ; il joue ici un rôle analogue à celui de l'inscription en matière d'hypothèque, de la transcription en matière de privilége. Nous ne croyons pas que les termes de la loi ou les travaux préparatoires puissent autoriser cette manière de voir. Le législateur, en écrivant l'article 2075, a voulu simplement se départir de la rigueur de l'ancien Droit qui exigeait la rédaction d'un acte notarié ; mais rien n'indique qu'il ait voulu faire de l'enregistrement une formalité substantielle destinée à vivifier le privilége du gagiste, comme l'inscription ou la transcription vivifient l'hypothèque, ou le privilége sur les immeubles.

Nous repousserons donc ce système qui, du reste, a trouvé peu de faveur en doctrine et en jurisprudence, et nous nous en tiendrons aux principes de l'art. 1328. D'après ces principes, entre les divers ayants cause à titre particulier d'une personne, c'est la date certaine qui fixe les droits. Dès que l'un des ayants cause présente un acte ayant une date certaine, il peut dire aux autres ayants cause, qui n'ont entre les mains que des actes postérieurs ou sans date certaine : « Vous êtes des tiers à mon égard, vous n'êtes pas les ayants cause de mon auteur, et je n'ai pas à respecter vos droits. »

3° *Signification de l'acte au débiteur de la créance engagée.*

Une formalité plus importante encore que l'enregistrement, c'est la signification de l'acte de nantissement au débiteur de la créance engagée. La prise de possession effective d'une créance n'est complète que par cet avis officiel donné au débiteur. Il en était déjà ainsi dans la pratique ancienne consacrée par l'art. 108 de la coutume de Paris. L'art. 2075 est en harmonie avec l'art. 1690 qui pose le principe, et dont il n'est qu'une application à notre matière. Aussi n'hésiterons-nous pas à étendre au gagiste la disposition de l'art 1690 qui met sur la même ligne, pour produire l'ensaisissement du cessionnaire, l'acceptation faite par le débiteur dans un acte authentique, et la signification faite à ce débiteur par le cessionnaire.

Le débiteur de la créance engagée est lié par cette signification, en ce sens, qu'il ne peut plus payer entre les mains de son créancier primitif. Mais sera-t-il forcé de rester débiteur tant que le créancier gagiste ne voudra, ou ne pourra pas recevoir le payement ? Non. Il a le droit de se libérer à l'échéance de sa dette ; il déposera, s'il est nécessaire, à la Caisse des dépôts et consignations les sommes par lui dues.

Art. 2076. *Conditions intrinsèques de la validité du gage des créances.*

1° *Mise en possession de la créance.*

51. En matière de cession de créances, la signification ou l'acceptation par le débiteur emporte saisine au profit du cessionnaire, indépendamment de la délivrance du titre constitutif de la créance cédée, et bien qu'un cessionnaire antérieur ait été mis en possession de ce titre. L'art. 1141 ne s'applique pas aux créances ; il ne concerne que les choses corporelles. Mais il n'en est plus de même dans cette cession limitée qu'on appelle nantissement. La possession étant la base du privilége donné au gagiste doit jouer ici son rôle. On s'explique facilement d'ailleurs pourquoi le législateur a fondé ce privilége sur la possession réelle. Il s'agissait de prévenir la fraude, d'empêcher qu'une créance déjà grevée d'un gage n'apparût aux yeux des tiers comme une valeur libre de toute charge. Évidemment la tradition par signification qui suffit en matière de cession ne pouvait remplir ce but ; il fallait introduire ici un autre élément de délivrance. Le législateur a eu recours à un procédé très-simple : il a matérialisé la créance en l'incorporant au titre qui la

représente, puis il a appliqué à ce titre les règles de l'art. 1141. Le créancier nanti du titre engagé primera celui qui aura signifié avant lui, mais sans avoir la possession du titre. Le débiteur ne pourra de cette façon se parer d'un crédit apparent, et faire illusion aux tiers. Toute créance laissée entre ses mains sera considérée comme libre, puisque un nantissement antérieur, qui n'aurait pas dessaisi le débiteur de son titre, n'aurait pas d'existence juridique.

Comment se fera la tradition du titre? de manière à opérer la dépossession complète du débiteur. Ce dernier devra livrer le titre original qu'il a entre les mains, et non une copie de ce titre. Mais la simple livraison suffit ; il n'y a pas à faire un transport en règle de la créance (*Req.*, 19 juin 1848, S. 48, 1, 465) ; ce qui serait confondre la cession à titre de gage avec la cession à titre de vente, le *pignus* avec l'*emptio venditio*.

52. Il faut se garder de faire ici une confusion trop fréquemment commise entre la créance et la chose due. On a soutenu notamment que lorsque le droit à un bail est donné en nantissement, l'art. 2076 exige que le gagiste soit mis en possession effective non-seulement du titre constatant le droit, mais encore des lieux loués (35). Car, dit-on, si le gage est constitué par la seule remise du titre, l'habitation du locataire, ses meubles, l'attirail de son industrie, constituent une richesse ostensible, qui est l'objet d'un gage occulte. Cette considération peut avoir en fait une certaine force, mais elle ne peut préva-

(35) *Sic* Lyon, *Journal du Palais*, 1860, p. 901.

loir contre le principe si nettement posé par l'art. 2076, ni contre les dangers de le confusion que nous signalons entre la créance de jouissance et la jouissance due. Comment en effet le locataire pourrait-il faire de sa créance un élément de crédit, si l'opération destinée à lui procurer des fonds se transforme de par la loi en expropriation pure et simple, et le nantissement en une dation en payement anticipée? Un système qui mène à de telles conséquences ne saurait être admis. Dans ce cas comme dans les autres la remise du titre suffira.

53. A quelle époque se fera la tradition du titre? Aux termes de l'art. 1141, qui n'est qu'une application de l'art. 2279, elle devra être effectuée avant toute mainmise des tiers sur la créance engagée.

54. Il résulte de ce que nous venons d'exposer qu'une créance sans titre ne peut faire l'objet d'un nantissement. Nous sommes ainsi conduits à l'examen d'une fort intéressante question. Nous avons établi plus haut que les créances en reprises de la femme et du mari sont mobilières et cessibles, et que, de ce chef rien n'empêche qu'elles ne soient données en nantissement. Mais la plupart du temps ces créances ne seront pas représentées par un titre; elles ne pourront alors faire l'objet d'un véritable nantissement. La convention connue en pratique sous le nom de subrogation à l'hypothèque légale ne saurait donc en thèse générale être considérée comme un nantissement. Sans doute, en certains cas, cette convention pourra s'analyser en un simple gage. Supposons par exemple que la femme, s'attachant à une des opérations multiples de l'administration maritale donnant lieu

à récompense en sa faveur, se fasse délivrer par son mari un titre de créance et l'engage à un tiers, il est évident qu'il pourra y avoir là un nantissement très-régulier. Mais nous devons reconnaître que les opérations de crédit auxquelles donnent lieu les droits de reprises de la femme ne se présentent pas généralement sous cette forme, et que ses créances restent sans titre. Benech, dans son ouvrage intitulé « *du Nantissement appliqué aux droits et reprises de la femme* », présente sa doctrine moins comme une interprétation de la combinaison imaginée par les praticiens que comme un projet à sanctionner. Ce projet consisterait à n'autoriser la femme mariée à tirer crédit de ses droits et reprises qu'au moyen du nantissement dans les formes et sous les conditions du droit commun. Benech a donc fait œuvre, non d'interprète, mais de législateur. Notre intention n'est pas de le suivre sur ce terrain, non plus que de nous engager dans les controverses épineuses auxquelles ce sujet délicat a donné naissance, et où le dernier mot ne peut évidemment appartenir qu'aux autorités chargées de faire la loi (36). Il nous suffit d'avoir fait observer en passant

---

(36) « Tout le monde, dit M. Beudant (*Revue critique*, t. XXII), s'accorde à reconnaître qu'il doit être possible d'affecter les droits hypothécaires comme sûretés spéciales. La pratique a recours, dans ce but, à des expédients divers qu'elle se préoccupe peu de mettre en harmonie avec un système général. La doctrine plus exigeante s'ingénie en vain à leur donner un aspect scientifique, tout en leur conservant leur utilité pratique. D'où cette multiplicité de systèmes, cette incohérence de décisions qui déroutent l'esprit dès qu'on essaye d'étudier le sujet. »

Tout le vif des controverses soulevées est dans ce point : Sur quoi porte la mutation de droit qui intervient dans la subrogation à l'hypothèque? Est-ce sur la créance en reprises, ou bien sur l'hypothèque

que les créances en reprises de la femme mariée étant en
général sans titre, elles ne peuvent, en l'état actuel des
textes qui régissent la matière, faire l'objet d'un nantissement.

2° *Continuité de la possession*.

55. Il faut que le gagiste reste en possession. C'est la
conséquence de l'art. 2279, c'est un effet du caractère
assigné par la loi au privilége qui naît du nantissement.
Ce privilége n'existe et ne peut subsister que par le fait
de la possession d'un titre déterminé. Il est donc essen-

détachée de la créance? Dans le premier cas, nous dirons que l'article 1690 s'applique avec l'art. 9 de la loi de 1855 ; que le subrogé peut
prendre part à la distribution du prix des meubles du mari ; enfin,
que la créance, résidant en la personne du cessionnaire, n'est plus exposée à périr du chef du cédant ; que la femme subrogeante ne peut
plus notamment disposer de ses droits ni les anéantir ; ni, par conséquent, accepter un emploi ou une *datio in solutum*, en supposant que
la subrogation soit générale. Dans le second cas, au contraire, nous
dirons que l'article 1690 ne s'applique pas ; que le subrogé n'a qu'un
droit de collocation hypothécaire ; enfin, qu'il devient bien titulaire de
l'hypothèque ; mais que cette hypothèque demeure subordonnée à
l'existence ultérieure de la créance, qui continue à résider sur la tête
de la femme subrogeante. La jurisprudence hésite entre ces deux solutions. En pratique il est admis : 1° que l'article 1690 ne s'applique
pas ; 2° que le subrogé n'a pas le droit de se présenter à la contribution ouverte sur les meubles du mari ; 3° que toutes les exceptions opposables du chef de la subrogeante pour faits postérieurs à la subrogation le sont aussi au subrogé, ce qui semble consacrer l'opinion d'a-
près laquelle la subrogation serait une cession de l'hypothèque séparée
de la créance. Or cette opinion, tant qu'elle n'aura pas l'appui d'une
loi, nous paraît difficile à admettre ; nous ne saurions concevoir l'hypothèque détachée de la créance, pour la garantie de laquelle elle a été
créée. On a cru trouver dans les textes du *Digeste* relatifs au *subpignus*
la preuve que les Romains avaient admis la possibilité de détacher
l'hypothèque de la créance. Nous avons essayé de démontrer que rien
dans ces textes n'autorise cette manière de voir.

tiellement spécial et ne peut être reporté sur un titre autre que celui que les parties avaient en vue au moment du contrat. D'où la conséquence qu'on ne peut substituer à la créance engagée une autre créance sans une nouvelle constitution de gage qui ne peut remonter à la date de la première (Comp., Rouen, 29 novembre 1838, S. 39, 2, 33).

Mais nous ne dirons pas que dans tous les cas de perte de la possession par le gagiste, son privilége est éteint. Sans doute s'il a abandonné volontairement la possession, nous verrons dans cette abdication spontanée une renonciation au privilége, et le gagiste ne pourra revenir au préjudice des tiers sur ce sacrifice une fois consommé. Si au contraire il a été dépouillé de son titre par un vol, ou qu'il l'ait perdu, il sera dans le cas prévu par l'art 2279, 2°, et nous lui accorderons un droit de revendication à l'aide duquel il pourra reconstituer sa possession et son privilége.

56. L'art. 2076 *in fine* prévoit le cas où le titre aura été confié « à un tiers convenu entre les parties. » Ce tiers détient le titre pour le créancier nous rentrons ainsi dans l'hypothèse où c'est le créancier lui-même qui le détient. L'utilité de la tradition du titre à un tiers est évidente. Elle se manifeste surtout lorsque la créance donnée en gage étant beaucoup plus considérable que la créance garantie, le débiteur peut en tirer crédit en l'engageant encore à d'autres personnes. Le tiers pourra détenir le titre pour plusieurs créanciers successifs.

3° Quels sont les tiers à l'égard desquels le gage est ainsi
constitué ?

57. Nous venons d'étudier rapidement l'ensemble des
conditions constitutives du gage à l'égard des tiers. Il
nous reste à préciser ce que nous entendons ici par
tiers.

Nous appelons tiers tous ceux qui ont un intérêt légitime
à écarter le gage pour faire maintenir des droits acquis
depuis qu'il est constitué.

On doit donc considérer comme des tiers : 1° Les cessionnaires ou les créanciers gagistes postérieurs au nantissement.

2° Le débiteur de la créance engagée, qui a fait des
payements à son créancier, ou qui a traité avec lui au
sujet de la créance engagée. Si ce débiteur a payé tout
ou partie de sa dette, il produira des quittances. Or il
n'est pas d'usage de faire enregistrer les quittances. En
conclurons-nous qu'elles ne seront pas opposables au
créancier gagiste, qui aurait le droit de dire au débiteur :
« Pour moi vous êtes un tiers, vous n'êtes pas un ayant
cause de mon débiteur puisque vous ne prouvez pas que
vous ayez payé avant la signification de l'acte de nantissement. » Non, le gagiste n'est pas autorisé à tenir ce
langage. D'après l'opinion générale, l'art. 1328 ne s'applique pas aux quittances. Les juges auront à reconnaître
d'après les circonstances de la cause si les quittances
produites et invoquées par le débiteur sont certaines et
sincères, c'est-à-dire antérieures à la signification du
gage.

58. Ici se place la question de savoir si la connaissance que le débiteur aurait indirectement acquise du gage n'équivaudrait pas à signification ou acceptation, et ne l'empêcherait pas d'exciper de l'inobservation de ces conditions. Nous croyons que si les faits de la cause révélaient une collusion du débiteur avec le constituant du gage, ou une faute grave de sa part, les juges du fonds pourraient, sans que leur sentence fût sujette à cassation, décider que le gage aurait son plein et entier effet malgré les payements ou les arrangements intervenus; et que le débiteur, actionné par le gagiste, n'aurait pas le droit d'invoquer sa libération totale ou partielle. De même les seconds cessionnaires ou les seconds gagistes, qui auraient connu le nantissement antérieur, ne seraient pas plus fondés, en cas de mauvaise foi ou d'imprudence grave de leur part, à faire valoir leur droit. Ces décisions sont controversées, mais elles ont été plusieurs fois consacrées par la Cour de cassation. Un arrêt de cette Cour dit formellement dans ses considérants que les art. 2075 et 1690 ne visent que les tiers de bonne foi (37). Ce n'est que justice. Il serait vraiment inique en effet que ces dispositions faites pour sauvegarder les intérêts légitimes

(37) *Civ. Rej.*, 4 janvier 1848, S. 48, I, 103. — Add. en ce sens, *Req. Rej.*, 5 mars 1838, S. 38, 1, 630. —*Req. Rej.*, 25 juillet 1832, S. 33, 1, 347. — *Req. Rej.*, 17 août 1844, S. 49, 1, 48. — A côté de ces décisions, la Cour de cassation a jugé, par arrêt du 4 décembre 1827, que le débiteur cédé ne pourrait lui-même exciper de cette connaissance par lui acquise de la cession non signifiée pour se refuser au payement du cédant; elle a jugé, le 17 mars 1840, que cette connaissance acquise de la cession par le débiteur cédé ne peut faire obstacle, tant que la signification ne lui a pas été faite, à ce que le débiteur ne puisse transiger valablement avec le cédant sur le fond du droit cédé. Comme on le voit, la doctrine de la Cour suprême est un peu hésitante.

des tiers, tournassent à l'avantage de leur mauvaise foi, ou de leur précipitation coupable, et devinssent des piéges où l'honnête homme viendrait trop souvent se prendre.

Nous avons supposé jusqu'à présent que le titulaire de la créance était *in bonis* ; dans le cas contraire, la décision que nous venons de donner ne serait plus exacte. Lorsqu'un débiteur est insolvable, il est incontestable que la préférence appartient à ceux qui ont été les plus vigilants à sauvegarder leurs droits. On ne pourra donc jamais se prévaloir contre les créanciers saisissants de la connaissance qu'ils auraient eue avant la saisie d'un nantissement non signifié, ni accepté.

59. 3° Nous arrivons ainsi à une troisième classe de tiers, aux créanciers du titulaire de la créance engagée, antérieurs ou postérieurs à la constitution du gage, peu importe. Ce sont en effet des tiers en tant que par des saisies pratiquées sur la créance engagée, ou par l'effet de la déclaration de faillite du constituant, ils ont acquis sur cette créance des droits distincts de ceux de leur débiteur.

60. Un créancier a pu saisir arrêter la créance engagée ; puis intervient la signification tardive du gagiste ; enfin un autre créancier opère une saisie-arrêt postérieure. De ce rapport de droit complexe naît un conflit. Comment le réglerons-nous ? La question est délicate, car le législateur ne l'a pas prévue ; et les principes seuls doivent nous conduire à la solution (38).

(38) Nous écartons sans discussion deux systèmes qui nous parais-

Deux idées sont ici en présence. D'un côté la signification du nantissement opère saisine au profit du gagiste vis-à-vis des tiers, c'est-à-dire ici des saisissants postérieurs ; mais vis-à-vis du premier saisissant, elle ne vaut que comme opposition, opposition qui a cet avantage particulier de n'avoir pas besoin d'être validée (*Req. Rej.* 9 décembre 1867, S. 68, 1, 21). D'un autre côté l'antériorité de poursuite ne confère plus dans notre droit, comme sous l'empire de l'article 178 de la coutume de Paris, un droit de préférence au créancier premier saisissant ; les saisissants postérieurs concourent avec lui.

De ces deux idées nous tirons les conclusions suivantes : 1° Vis-à-vis du gagiste, le premier saisissant obtient tout ce que lui aurait donné une répartition de la créance entre ce dernier considéré comme créancier opposant, les créanciers saisissants postérieurs et lui-même ; vis-à-vis des saisissants postérieurs, il est colloqué au marc le franc sur le dividende par lui arrêté. 2° Vis-à-vis du premier saisissant, le gagiste n'a pas un dividende plus fort que s'il était simple saisissant ; vis-à-vis des saisissants postérieurs, il a un droit de préférence absolu ; il n'a point à redouter leur concours sur la somme excédant les causes de la première saisie. 3° Vis-à-vis du gagiste, les saisissants postérieurs n'ont pas de droits ; vis-à-vis du premier

sent insoutenables : le premier place sur la même ligne le créancier gagiste et les saisissants postérieurs ou antérieurs à la signification : il méconnaît l'effet de cette signification. Le second refuse aux saisissants postérieurs le droit de concourir avec le premier saisissant, et les écarte absolument ; il viole l'article 2093, car le premier saisissant n'a pas de cause légitime de préférence.

saisissant, ils ont un droit de concours sur le dividende par lui arrêté.

On voit que, pour chacune des parties impliquées dans ce conflit, la situation a deux faces qui réagissent indirectement l'une sur l'autre.

61. Quelques chiffres vont donner la vie à ces formules.

Soient A, premier saisissant pour une somme de 1,500 fr.; B, créancier gagiste pour une somme de 3,000 fr., et C, saisissant postérieur pour une somme de 1,500 fr. Que A, B, C soient des créanciers isolés ou des groupes de créanciers, l'hypothèse reste la même. Nous supposons que la créance engagée est de 3,000 fr.

Pour déterminer la part avenant à A, première contribution entre A, B, C considérés tous les trois comme saisissants. La créance saisie étant de 3,000 fr., les dettes à éteindre s'élevant à 6,000 fr., A, B, C recevront 50 p. 100 de ce qui leur est dû. Donc A aura pour sa part 750 fr.

Pour déterminer la part de B, deuxième contribution entre A et B. Total de la dette, 4,500 fr. Dividende, 66 fr. 66 c. p. 100. A aura 1,000 fr., B aura 2,000 fr.

Enfin, troisième contribution pour déterminer la part de C. A vis-à-vis de B a pris 1,000 fr. C concourt avec A sur ces 1,000 fr. Il prendra donc 500 fr.

$$\begin{array}{ll} \text{En résumé, A aura} & 750 \text{ francs.} \\ \text{B aura} & 2,000 \text{ francs.} \\ \text{C aura} & 500 \text{ francs.} \\ \hline \text{Total,} & 3,250 \text{ francs.} \end{array}$$

Tel est le résultat auquel nous conduisent les principes. Nous en concluons qu'il est mathématiquement impossible de leur donner pleine satisfaction. Qui va supporter cette perte de 250 fr.? Dirons-nous avec MM. Aubry et Rau qu'elle retombera sur B? Mais alors c'est lui qui, en définitive, paye en partie la somme attribuée à C; or, d'après les principes, C n'a aucun droit vis-à-vis de B. Aussi nous garderons-nous d'emprunter à la jurisprudence sa solution, car elle fait payer à B toute la somme attribuée à C, soit dans notre espèce 500 fr. (Pau, 12 avril 1832, S. 35, 1, 222. Paris, 30 mai 1835, S. 35, 2, 385. Paris, 9 février 1837, S. 37, 2, 262. Paris, 18 mars 1839, S. 39, 2, 182.) Mourlon fait supporter la perte à C, en ne lui donnant que 250 fr. (*Revue de droit français et étranger*, 1848.) Mais c'est violer les principes. C doit être payé au marc le franc avec A sur le montant des causes de la première saisie. A notre avis la solution la plus équitable est celle qu'a proposée M. Barilliet (*Revue pratique*, T. XIII, p. 49), et qui consiste à partager cette perte de 250 fr. proportionnellement entre tous les intéressés.

62. La saisie-arrêt n'est pas le seul moyen de mettre les créances sous la main de justice. Une opposition à partage, une demande en partage d'une succession ou d'une indivision quelconque, particulièrement de celle qui résulte de la liquidation d'une société pourront, comme la saisie-arrêt, rendre inefficace la signification tardive du gagiste. (Req. 11 juin 1846, S. 46, 1, 444.)

63. La faillite est aussi une mainmise des créanciers sur les biens de leur débiteur, et par conséquent sur ses

créances. Il importe de préciser à quel moment la signification du nantissement devra être faite pour que le privilége du gagiste soit opposable à la masse. Les auteurs
ne sont pas d'accord sur ce point. Quelques-uns, Troplong, M. Massé entre autres, prétendent que la signification intervenue après la cessation des payements ou
dans les dix jours précédents est tardive, et par conséquent inefficace. Cette opinion repose sur une confusion
trop généralement commise par la jurisprudence et la
doctrine. Cette confusion consiste à assimiler la cessation
des payements à la faillite. Qu'est-ce que la faillite? C'est,
répond-on, un fait qui existe par lui-même, que les juges
consulaires constatent, mais ne créent pas ; l'état de faillite
résulte, aux termes de l'art. 437, C. comm. de la cessá-
tion des payements, abstraction faite du jugement déclaratif. Or, dès qu'il y a faillite il y a arrêt sur tous les
biens du débiteur, donc la signification ne peut plus être
faite ». Et ici on invoque un argument de texte. On lit
dans l'art. 446, C. comm. : « Sont nuls..... tous droits
de nantissements *constitués* pour dettes antérieurement
contractées ». Or, dit-on, la signification est précisément
l'élément constitutif du nantissement des créances, donc
elle tombe sous le coup de l'art. 446.

64. Cette doctrine nous paraît contraire à l'équité et
aux textes :

A l'équité, car depuis la cessation des payements et
dans les dix jours qui précèdent, le commerçant emprunteur pourra consentir valablement, au moyen d'un nantissement de créance, une garantie de remboursement,
et cette garantie, le prêteur ne pourra jamais, par la

signification, en assurer l'efficacité; cette garantie, qui est la condition inséparable de l'acte de prêt, en sera violemment détachée pour être déclarée nulle de plein droit;

Aux textes, car si nous les étudions attentivement, voici la théorie qui s'en dégage, voici l'idée du législateur dans son développement successif : Art. 437, Code comm., il définit en quoi consiste la faillite; Art. 440, il charge les juges consulaires de la déclarer; Art. 443, il fixe le moment où commence le dessaisissement du débiteur; Art. 444 et suivants, il s'explique sur les effets de la faillite déclarée. Ce qui nous semble ressortir avec évidence de ces articles, c'est que l'état de faillite, avant le jugement déclaratif, n'existe que virtuellement, sans que les effets spéciaux, attachés par la loi à cet état, puissent se produire. C'est le jugement qui imprime le caractère de faillite à la cessation des payements ; car c'est lui seul qui détermine le dessaisissement du débiteur, et produit définitivement la situation juridique dont les art. 443 et suivants dessinent les principaux traits. Quant à l'art. 446, il ne s'applique pas à notre espèce. Le mot « constitués », dont on tire argument, n'a point ici le sens qu'on lui prête, car s'il avait ce sens, il s'appliquerait non-seulement à la signification, mais aussi à l'inscription, qui vivifie l'hypothèque, comme la signification vivifie le privilége du gagiste; ce sont là sans contredit des formalités du même genre. Or un article spécial (448) règle le sort de l'inscription hypothécaire. Réglera-t-il aussi le sort de la signification? Nous le croyons, quoique la jurisprudence se décide en sens inverse. (Cass., 19 juin

1848.) Mais en tous cas il serait souverainement illogique d'appliquer à la signification les dispositions de l'art. 446.

Ajoutons que l'art. 446 n'annule que les actes faits par le débiteur. Or la signification n'émane pas du débiteur. (Cass., 4 janvier 1847, § 47, 1, 161.)

65. L'art. 446 s'appliquerait au cas où le débiteur, qui d'abord aurait emprunté sans donner de garantie au prêteur, lui engagerait ensuite sa créance pendant la période qui suit la cessation des payements ou dans les dix jours qui précèdent (39).

66. Nous venons de voir comment le gage des créances se constitue; nous devons maintenant en étudier les effets.

§ 3. EFFETS DU GAGE DES CRÉANCES

« *Il faut*, dit Pothier, *que la chose soit donnée au gagiste afin qu'il la détienne pour sûreté de sa créance.* » Il en résulte que le nantissement crée entre les parties contractantes des rapports obligatoires, et vis-à-vis des tiers des droits qui, pour le gagiste, constituent une garantie. Nous analyserons successivement cette double série d'effets.

---

(39) Ce que nous disons de la signification est vrai aussi pour la mise en possession du titre, autre condition constitutive du gage des créances.

1° *Effets du gage des créances entre les parties contractantes.*

67. Le créancier gagiste détient le titre de la créance donnée en nantissement ; son privilége repose précisément sur cette détention. Mais il ne détient pas à titre de propriétaire ; sans cela le but que se proposaient les parties serait dépassé, et le nantissement se confondrait avec la cession. Quel est donc le caractère de cette détention ? L'art. 2079 l'assimile à un dépôt. Tel est le point de départ du législateur. Toute la théorie des rapports obligatoires qui lient le créancier et le débiteur est déduite de cette idée première.

68. Ces rapports obligatoires sont sanctionnés par les actions que les Romains appelaient *pigneratitiæ directa et contraria.*

69. Examinons rapidement les différents chefs de l'action directe, qui compète au débiteur libéré.

L'obligation principale du gagiste, puisqu'il n'est pas propriétaire, c'est de restituer le gage, dès que la créance garantie est éteinte par payement ou autrement.

Le premier chef de l'action directe est donc relatif au retrait du gage. Le débiteur peut retirer le gage, non-seulement si la créance garantie est éteinte, mais encore si le gagiste en abuse, ou le met en péril. Le gagiste abusera s'il excède ses droits. Quelle est donc au juste la limite de ses droits ? Il ne peut réaliser la créance, à moins d'y être autorisé par justice, mais il pourrait l'engager, ce qui donnerait lieu au contrat que les Romains appellent *subpignus*. Il ne peut, en dehors de ce dernier cas, se servir de la créance, ni en jouir, ni en retirer aucun profit, à moins d'en avoir obtenu du débiteur la permission expresse ou présumée. Le législateur, dans l'art. 2081, présume que cette permission existe. Cela est conforme à la raison. Il est naturel de supposer que le débiteur, dessaisi du titre, ait chargé le créancier de toucher les intérêts puisqu'il ne pourrait la plupart du temps les toucher lui-même sans le titre. Si la créance garantie ne porte pas intérêts, l'imputation des sommes encaissées par le gagiste se fera sur le capital.

Deuxième chef de l'action directe. Le gagiste doit rendre, il doit donc conserver. « L'obligation de la fin, dit Pothier, renferme celle des moyens nécessaires pour y arriver ». L'art. 2080, 1° nous donne la mesure de cette dernière obligation ; il restreint à ce point de vue, en nous renvoyant à la théorie générale des fautes, la portée du mot « dépôt » de l'art. 2079. Pris à la lettre, ce mot nous conduirait à appliquer ici l'art. 1927. « Or, dit le tribun Gary, le contrat ordinaire de dépôt est tout à l'avantage du propriétaire ; tandis qu'ici c'est un contrat intéressé ou utile à toutes les parties, utile au créancier, auquel il offre une sûreté ; et au débiteur, auquel il offre un crédit qu'il n'aurait jamais eu sans cela ? Il faut donc en revenir à l'art. 1137. Aux termes de cet article, le gagiste doit donner à la conservation du gage les soins d'un bon père de famille, faire en temps utile les actes conservatoires nécessaires, les saisies-arrêts, les protêts (Req. 26 juin 1866, S. 66, 1, 337), et autres actes analogues. Moyennant quoi, il ne sera pas tenu des cas fortuits ou de force majeure, par exemple de l'insolvabilité du débiteur de la créance engagée. Quant aux dépréciations qui peuvent atteindre cette créance, il en répondra, si elles lui sont imputables, s'il a par exemple, sans le consentement du débiteur, soumis des actions, objet de son gage, à la mention de certaines modifications apportées à l'acte constitutif de la société, et que ces modifications en aient diminué la valeur. (Req. 3 décembre 1834, § 35, 1, 367.)

70. L'action contraire qui compète au gagiste se réfère aux obligations éventuelles qui peuvent incomber au créancier, nous disons éventuelles, car elles ne naissent pas directement et immédiatement du contrat, qui, pour cette raison même, est classé parmi les contrats synallagmatiques imparfaits. Par cette action le gagiste répétera ses impenses nécessaires ou utiles (L. 2080, 2°); il se fera indemniser du dol que le créancier aura pu commettre à son égard; il réclamera un nouveau gage, si le débiteur lui a donné une créance sans valeur, ou qui ne lui appartient pas. Nous retrouvons ici les décisions du droit romain.

71. Il est de principe, en matière d'obligations corrélatives, que si l'une des parties manque à son obligation, l'autre est déliée de la sienne. L'art. 1184, C. civ., est l'expression de cette idée. L'art. 2082 en est une des applications. Cet article autorise le gagiste à retenir la créance qui lui a été donnée en nantissement jusqu'au payement intégral de sa propre créance en principal et accessoires. En droit romain, nous avons vu que le ga-

giste avait en pareil cas l'exception *doli mali* pour repousser l'action du débiteur. Nous rechercherons plus
loin si ce droit de rétention est opposable aux tiers; nous
ne le considérons ici qu'au point de vue des rapports personnels que le gage établit entre les parties. Remarquons
que ce droit de rétention ne se confond pas avec le privilége. Dans le gage ces deux droits, tout en restant distincts, coexistent; mais dans beaucoup d'autres situations juridiques, le droit de rétention existe isolément.
Par exemple le dépositaire à qui il est dû quelque chose
à raison du dépôt a un droit de rétention, aux termes de
l'art. 1948; or il n'a pas de privilége. Nous en dirions
autant du commodataire. Le gagiste lui-même peut n'a-
voir qu'un droit de rétention, par exemple s'il n'a pas
rempli les formalités constitutives du privilége exigées
par les art. 2074 et 2075.

72. Le droit de rétention du gagiste a une portée
toute particulière. « S'il existait, dit l'art. 2082, 2°, de
la part du même débiteur envers le même créancier, une
autre dette contractée postérieurement à la mise en gage,
et devenue exigible avant le payement de la première
dette, le créancier ne pourra être tenu de se dessaisir du
gage avant d'être entièrement payé de l'une et de l'autre
dette, lors même qu'il n'y aurait eu aucune stipulation
pour affecter le gage au payement de la seconde. » Voici
quelle est l'espèce prévue par ce texte : A emprunte à B
le 1er janvier 1873 une somme de 10,000 francs dont le
remboursement fixé au 31 décembre est garanti par un
gage. Le 1er août nouvel emprunt d'une somme de
10,000 francs remboursable le 1er novembre; aucune

garantie n'est stipulée. Malgré ce silence des parties, l'art. 2082, 2° décide que la seconde créance de B est garantie par le gage constitué pour la première, et que, la première créance payée, B aura le droit de retenir ce gage jusqu'au payement de la seconde.

73. Ce gage tacite a été imaginé par les jurisconsultes romains ; remarquons toutefois qu'ils ne le renfermaient pas dans des conditions d'existence aussi étroites.

Sur quel fondement repose ce gage? Est-ce là une création arbitraire du législateur? Il est facile de montrer qu'il est simplement l'expression de la volonté des parties. Sans doute au moment où le prêteur passait le second acte de prêt il n'a pas parlé de garanties spéciales, voilà la situation apparente, qui donnait un argument à Tronchet pour combattre au conseil d'État la disposition de l'art. 2082. Mais allons au fond des choses. Le prêteur, lors du premier prêt, avait exigé une garantie, donc *a fortiori* devait-il en exiger une pour le second. Il n'exige pas cette garantie ; toutefois il manifeste sa méfiance en prêtant à plus court terme que la première fois. Ce double fait ne peut s'expliquer que d'une façon : le prêteur comptait et devait compter sur le gage qu'il avait entre les mains.

74. Cette manière d'envisager la situation du prêteur nous permet de tirer des dispositions de la loi les deux conclusions suivantes :

1° L'art. 2082, 2° ne serait plus applicable si le gage avait été primitivement fourni par un tiers ou si le créancier n'était devenu, depuis le premier prêt, titulaire d'une seconde créance que par l'effet d'une subrogation, d'une cession, ou même d'une succession. Car il n'y aurait pas eu alors entre les parties ces rapports personnels que nous venons de décrire et dont l'art. 2082, 2° est l'interprétation logique.

2° Si la première et la deuxième dette avaient été stipulées payables à la même échéance, l'art. 2082, 2° s'appliquerait sans difficulté. *Ubi eadem ratio, idem jus.* Mais si l'échéance de la deuxième est postérieure à celle de la première, il est évident que nous ne sommes plus dans les termes de l'article. Ici se présente une difficulté. Il peut arriver, dans ce dernier cas, qu'en fait la première créance soit encore due au moment où la deuxième deviendra exigible. Dirons-nous encore que la deuxième n'est pas garantie par le gage tacite? On recule généralement devant la rigueur de cette décision. Car en définitive elle se retournerait contre l'emprunteur, que l'on prétend protéger, en forçant le prêteur à lui faire des conditions plus dures. On appuie la décision contraire sur un argument de texte. Nous lisons en effet dans l'art. 2082, 2° : « *Une autre dette.... devenue exigible avant le payement de la première dette.* » Ces mots se réfèrent très-exactement à notre hypothèse. Nous pensons qu'il faut les appliquer à la lettre *æquitatis causa.* Les paroles que Berlier prononçait en songeant à d'autres espèces que la nôtre ne se rapportent-elles pas à cette dernière avec la même justesse? « Quel tort, disait-il, cette application (du gage) fait-elle au débiteur, lorsqu'il peut et doit même la faire cesser en payant? L'on suppose, en effet, que la deuxième dette est exigible comme la première (et la disposition dont il s'agit n'est que pour ce cas); mais comment alors le débiteur pourrait-il être admis justement à diviser sa dette, et à réclamer son gage sans payer tout ce qu'il doit? (*Exposé des motifs*, Fenet, T. XV, p. 207)

75. En principe, avons nous dit, le gagiste n'a pas la faculté de disposer du gage. On s'est demandé même si les parties ne pouvaient pas stipuler valablement que le gagiste n'aurait en aucune façon le droit de faire vendre le gage faute de payement. Une telle clause paraît bien contraire à la nature du gage. Nous croyons pourtant qu'on pourrait lui donner une portée utile et raisonnable en l'interprétant dans le sens d'une stipulation de remboursement à volonté, stipulation qui, à défaut de payement après sommation, autoriserait le gagiste à faire fixer par le juge un délai, passé lequel il serait seulement permis au créancier de faire vendre le gage. La réalisation du gage, c'est là en effet le but que les parties ont eu en vue pour le cas où le créancier ne recevrait pas payement ou satisfaction. Mais ici, au moment où le débiteur va être exécuté, la loi veut qu'un tiers désintéressé vienne contrôler ce dénoûment prévu. Ce tiers, c'est, dans presque toutes les hypothèses, la justice.

« Le créancier ne peut, dit l'art. 2078, 1°, à défaut de payement, disposer du gage; sauf à lui à faire ordonner en justice que ce gage lui demeurera en payement, et jusqu'à due concurrence, d'après une estimation faite par experts, ou qu'il sera vendu aux enchères. »

Berlier dans son *Exposé des motifs* nous indique en termes très-nets dans quel esprit cette disposition a été rédigée. « Le créancier fait la loi à son débiteur ; celui-ci remet un gage dont la valeur est ordinairement supérieure au montant de la dette. Le besoin qu'il éprouve et l'espoir qu'il a de retirer le gage en payant font que le débiteur s'arrête peu à la différence de valeur qui existe entre le gage et la dette. Si pourtant il ne peut payer au terme convenu, et que le gage devienne sans autre formalité la propriété de son créancier, un effet précieux n'aura servi souvent qu'à acquitter une dette modique. Voilà ce qu'il convenait d'empêcher. »

76. Aux termes de l'art. 2078, 1°, deux voies sont ouvertes au créancier pour la réalisation du gage : l'option lui appartient. S'il forme une demande alternative, sans fixer son choix, le juge décidera celle des deux mesures qui lui paraîtra la plus avantageuse au débiteur. Ce dernier sera-t-il appelé dans l'instance ? L'art. 2078 n'en dit mot ; mais l'équité exige qu'il soit entendu. Il a été jugé en ce sens que c'est lui qui doit les frais de l'instance même s'il ne s'oppose pas à la vente, car c'est le défaut de payement qui nécessite la poursuite (Brux., 25 juin 1831. Dall., 33, 2, 226).

Si le gagiste demande que la créance lui soit laissée en payement après expertise, un règlement de compte interviendra entre les parties. Si la prisée des experts dépasse la somme due, le gagiste rend au débiteur l'excédant ; si au contraire elle lui est inférieure, le gagiste reste créancier pur et simple de la différence. Les parties ne pourraient stipuler dans l'acte de nantissement, comme Cujas l'avait pensé, que la créance engagée, quelle que fût sa valeur, resterait au gagiste. Mais, dit-on, c'est un contrat aléatoire ; pourquoi serait-il prohibé ? La vérité est qu'il n'y a ici que les apparences d'un contrat aléatoire, les prêteurs ne faisant jamais crédit que sur des gages dont la valeur dépasse le montant des sommes avancées, et le dépasse d'autant plus qu'elle peut être sujette à dépréciation.

Si le gagiste opte pour la vente, elle se fait aux enchères et par conséquent au comptant (art. 624, *C. Proc. civ.*) Les titres VIII et X du code de procédure contiennent les règles spéciales de cette vente appliquée aux créances ou aux rentes.

77. La véritable garantie du débiteur ce sont les formalités qui entourent la vente aux enchères. Nous déciderons donc que la permission du juge ne sera pas nécessaire si le gagiste a un titre exécutoire, ou s'il a été convenu dans le contrat de nantissement qu'il aurait la faculté, faute de payement après un certain temps convenu, de vendre le gage, aux formes de droit, sans autorisation de justice.

L'art. 2078, 2° est ainsi conçu :

« Toute clause qui autoriserait le créancier à s'approprier le gage, ou à en disposer sans les formalités ci-dessus, est nulle. »

Cette disposition a pour but de prohiber le pacte commissoire, c'est-à-dire la convention à la faveur de laquelle le créancier devient propriétaire du gage par le seul fait du non-payement à l'échéance. C'est la prohibition édictée déjà par Constantin et reproduite par notre ancienne jurisprudence. Écoutons Pothier sur ce sujet : « Elle était nécessaire, dit-il, pour empêcher les fraudes des usuriers, lesquels trouveraient dans le pacte commissoire un moyen ouvert de tirer un profit excessif des sommes d'argent qu'ils prêteraient, en prêtant de l'argent sous des gages de valeur du double de la somme prêtée, à des personnes qu'ils prévoyaient ne devoir pas être en état de rendre la somme au temps convenu. » Sous l'empire du Code, la clause seule est nulle ; elle ne vicie pas le contrat auquel elle est adjointe.

La prohibition de l'art. 2078, 2° s'applique non-seulement au pacte fait *in continenti*, mais aussi à celui qui vient *ex intervallo* s'ajouter au contrat. Dans ce dernier cas, dira-t-on, l'emprunteur est en possession des fonds ; il n'a plus rien à redouter du créancier ; il n'y a donc plus lieu d'appliquer l'art. 2078, 2°. Cette objection n'est que spécieuse. Si nous nous y rendions, il serait en vérité trop facile d'éluder la loi. Le prêteur n'aurait qu'à imposer à son débiteur des conditions de remboursement qui le maintiendraient sous sa loi.

78. Bien souvent le pacte commissoire se présentera sous la forme d'une vente à réméré ; la sagacité des juges devra faire justice de ce déguisement. Mais il y a un certain nombre de clauses usitées en pratique qui sont très-licites et qu'il faut se garder de confondre avec le pacte commissoire. Pour fixer les idées, parcourons quelques espèces. Il peut être convenu entre les parties que, faute de payement à l'échéance, le gage resterait en payement au créancier, après une estimation faite à ce moment par des experts de leur choix, et en tenant compte de ce que le gage serait estimé plus ou moins que la chose due. Quelquefois, il sera permis au créancier

par la convention, en cas de non-payement à l'échéance, de prendre à titre de dation en payement un objet quelconque dans le patrimoine du débiteur. D'autres fois, il arrivera que le débiteur, soit avant, soit après l'échéance de la dette, aura cédé purement et simplement le gage au créancier. Appliquerons-nous l'article 2078, 2° dans ces diverses hypothèses ? Non, car ce serait méconnaître la règle qui défend en matière de prohibitions les interprétations extensives. Dans la première espèce, nous retrouvons l'intervention d'un tiers désintéressé qui est exigée par la loi, car le prix du gage doit être fixé par experts. Dans la deuxième, il s'agit d'une vente conditionnelle que protége le principe de la liberté des conventions. Dans la troisième, enfin, le prix de vente n'est pas le montant de la dette ; il fait l'objet d'une convention postérieure au nantissement, et le débiteur, se dépouillant actuellement, et non plus conditionnellement de sa propriété, se rendra un compte plus exact de son acte. Nous ne retrouvons donc pas, dans ces trois hypothèses, les caractères ni les dangers du pacte commissoire.

2° Effets du gage des créances à l'égard des tiers.

79. L'article 2073 s'exprime ainsi :

« Le gage confère au créancier le droit de se faire payer sur la chose qui en est l'objet par privilége et préférence aux autres créanciers. »

Déjà la coutume de Paris disait (art. 181) : « Et n'a lieu la contribution quand le créancier se trouve saisi du meuble qui lui a été donné en gage. »

L'article 2102, 2° (C. civ.), répète la même idée sous une autre forme et à un autre point de vue : « Les créances privilégiées sur certains meubles sont : 1°. . . . . ; 2° la créance sur le gage dont le créancier est saisi. »

80. Quelle est au juste la nature de ce privilége? Et d'abord est-ce un vrai privilége, et la loi est-elle bien d'accord avec elle-même en lui donnant ce nom? L'article 2095 définit le privilége « un droit que la qualité de la créance donne à un créancier d'être préféré aux autres créanciers. » Il est évident que cette définition ne saurait s'appliquer au droit du gagiste, car ce droit ne résulte pas de la qualité de la créance, puisqu'il peut, comme l'hypothèque, être attaché par la convention à toute espèce de créances pour les garantir. La vérité est que c'est une véritable hypothèque mobilière, avec ce caractère exceptionnel, qu'elle est accompagnée du fait de la possession ; si la loi n'a pas employé ce mot « hypothèque, » c'est que, par suite d'une ancienne habitude de langage, le mot hypothèque n'est jamais employé là où la possession doit être transférée au créancier. Nous avons vu qu'en Droit romain la distinction si tranchée que fait notre droit entre le gage et l'hypothèque n'existait pas. Le créancier, pour s'assurer une garantie réelle sur un meuble, n'avait pas besoin de le posséder, parce qu'avec l'action hypothécaire, il se mettait quand il voulait en possession. Il avait un droit de suite absolument efficace. Chez nous, les principes de la possession en matière de meubles s'opposent à ce résultat. Le gagiste, en principe, a bien un droit de suite, mais il ne peut l'exercer

qu'exceptionnellement à travers l'étroite brèche prati-
quée dans l'article 2279.

81. Cela dit sur la nature du droit du gagiste, nous
n'ajouterons qu'un mot sur un caractère qui lui est commun avec l'hypothèque, et dont l'article 2083 décrit les
effets ; ce caractère, c'est l'indivisibilité. « Le gage est
indivisible, dit l'article 2083, nonobstant la divisibilité
de la dette entre les héritiers du débiteur et ceux du
créancier. L'héritier du débiteur, qui a payé sa portion
de la dette, ne peut demander la restitution de sa portion
dans le gage tant que la dette n'est pas entièrement
acquittée. Réciproquement, l'héritier du créancier, qui a
reçu sa portion de la dette, ne peut remettre le gage au
préjudice de ceux de ses cohéritiers qui ne sont pas
payés. »

Ce caractère d'indivisibilité est de la nature, et non de
l'essence du gage ; il a pour fondement l'intention présumée des parties. On pourra, par conséquent, sans violer
aucun principe, convenir que le gage sera divisible et
que le retrait en sera effectué par parties au fur et à
mesure des versements d'à-comptes.

82. Les conflits entre créanciers gagistes se règlent
conformément à la maxime « *prior tempore, potior jure* »
comme les conflits entre créanciers hypothécaires. Examinons rapidement ceux qui peuvent se présenter.

83. Nous écarterons d'abord l'hypothèse où il y a
subpignus, c'est-à-dire où le gagiste a lui-même engagé
la créance qui lui avait été donnée en nantissement. Dans
cette hypothèse, il est vrai de dire, comme en droit
romain, que « *quatenus utraque pecunia debetur, pignus*

secundo creditori tenetur. » Le deuxième gagiste n'a pas plus de droits que le premier. Mais, dans notre droit, le principe de l'article 2279 produit ici un effet particulier. Si le second gagiste est de bonne foi, c'est-à-dire s'il n'a pas su dans quelles conditions la créance lui était engagée, s'il ignorait qu'elle fût seulement à titre de gage entre les mains du premier gagiste, il pourra, malgré le payement fait au premier gagiste par le titulaire de la créance, retenir le titre qu'il a entre les mains, et s'il n'est pas payé à l'échéance, vendre la créance et exercer son privilége sur le prix en provenant. Remarquons, toutefois, que cette solution qui résulte logiquement des articles 2076, 2279 et 1141 aura bien rarement lieu de s'appliquer aux créances dont le nantissement sera signifié ; car le débiteur averti aura soin de payer à qui de droit.

84. En dehors de cette hypothèse du *subpignus*, deux situations sont possibles :

1° Le même débiteur a engagé par le même acte la même créance à deux créanciers qui, pour la possession du titre, s'entendent entre eux ou donnent mandat à un tiers ; car nous rappelons que, sans cette saisine de fait, il n'y a pas de privilége. De deux choses l'une : ou bien la convention établit une préférence au profit de l'un de ces créanciers ; auquel cas le créancier préférable sera d'abord désintéressé sur le produit de la vente, puis l'autre exercera sur ce qui reste son privilége à l'égard des tiers ; ou bien la convention est muette sur la question de préférence, et alors les deux gagistes se partageront également le prix du gage.

2° La créance se trouvant déjà engagée, le débiteur

la donne en nantissement à un deuxième créancier. Ici encore, il faut distinguer deux cas ; la seconde constitution aura été faite avec le consentement exprès ou tacite du premier gagiste, ou elle aura été faite à son insu. Dans les deux cas, nous supposons que les deux gagistes (40) ont la détention du titre, et ont par conséquent un privilége valable. Premier cas : ou nous retombons dans l'hypothèse du *subpignus*, ou bien l'assentiment donné par le premier gagiste à la deuxième constitution veut dire qu'il admet le second gagiste au partage de son droit. Deuxième cas : le privilége du second gagiste n'est pas opposable au premier gagiste, qui se paye d'abord sur le prix du gage « *prior tempore, potior jure.* »

85. Nous avons vu que, vis-à-vis du débiteur, le créancier gagiste peut faire valoir son droit de rétention, tant qu'il n'a pas été complétement désintéressé. On s'est demandé si ce droit était opposable aux tiers. Dans le sens de l'affirmative, on dit que permettre aux tiers de saisir le gage en dépit du droit de rétention du gagiste, ce serait priver ce dernier d'un avantage que l'article 2078 lui concède formellement, celui de se faire attribuer le gage en payement et jusqu'à due concurrence ; qu'en outre, les tiers n'exerçant que les droits du débiteur ne sauraient, plus que lui, retirer le gage sans avoir à désintéresser la créance nantie. La réponse est facile.

(40) Dans le second cas, il faut supposer, pour que le deuxième gagiste puisse avoir la possession du titre, que le tiers chargé de garder le titre aura par erreur ou mauvaise foi consenti à le posséder aussi pour le deuxième gagiste.

L'article 2078 règle uniquement les rapports du gagiste avec son débiteur ; l'offre qui lui est faite par la loi de prendre le gage en payement n'a plus lieu de l'être lorsque d'autres créanciers se présentent pour saisir. D'un autre côté, il serait exorbitant de lui donner le droit exclusif de provoquer la vente. En définitive, il ne peut réclamer qu'un droit de priorité sur le prix du gage (44). Aussi la Cour de cassation a-t-elle jugé avec raison (3 juillet 1834, § 35, 1, 155) qu'une contribution peut légalement être ouverte sur les objets donnés en gage, et que le gagiste a seulement le droit de faire valoir son privilége dans les délais voulus, sous peine de forclusion.

86. On s'est demandé également si le gage tacite, qui naît dans les conditions précisées par l'article 2082, 2°, est opposable aux tiers. A *priori*, il semble que la question ne puisse même pas se poser en présence des articles 2074 et 2075, qui soumettent la constitution du gage vis-à-vis des tiers à des formalités si rigoureuses. Au moins faudrait-il, pour se soustraire à des articles si impératifs, trouver dans l'article 2082, 2° quelque disposition formelle qui nous permît d'y déroger. Or, on n'y peut trouver rien de semblable. Aussi, les auteurs étaient-ils unanimes à déclarer que le gage tacite dont il

______

(44) C'est là l'effet ordinaire du droit de rétention. « Le droit de rétention, disent MM. Aubry et Rau, ne fait pas obstacle à la saisie par d'autres créanciers et à la vente forcée de la chose qui s'y trouve soumise ; mais, comme il continuera de subsister malgré cette vente, le créancier qui en jouit ne pourra être contraint au délaissement au profit de l'adjudicataire qu'après avoir été désintéressé : ce qui placera les créanciers poursuivants dans la nécessité de consentir au prélèvement de sa créance sur le prix d'adjudication. » Civ. Cass. 31 mars 1851 S. 51, 1, 305.

s'agit n'est point opposable aux tiers, lorsque M. Mourlon, résistant le premier à l'opinion générale, crut trouver, dans les derniers mots de l'article 2082, 2°, le fondement d'un véritable droit réel opposable aux tiers. Voici ces mots : « ....., lors même qu'il n'y aurait eu aucune stipulation *pour affecter le gage au payement de la seconde (dette)*. » La loi suppose donc, dit M. Mourlon, qu'il y a entre les parties une convention tacite à l'effet d'affecter le gage au payement de la deuxième dette, comme il était affecté en vertu d'une convention expresse au payement de la première. Or, cette affectation présumée par la loi implique l'existence d'un privilége. M. Pont a prêté à ce raisonnement l'appui de son autorité. Nous avouons pourtant n'être pas convaincu. Le mot « affecter, » dont on argumente, ne prouve nullement par lui-même que la loi ait eu en vue les tiers, et non pas seulement les parties contractantes ; par conséquent, nous avons le droit de dire que l'article 2082, 2° est resté muet sur la question en litige. Pour la résoudre, il faut donc remonter aux principes posés par les articles 2074 et 2075, et ces principes condamnent l'opinion de MM. Mourlon et Pont.

87. Nous avons exposé l'ensemble des principes du gage appliqué aux créances en matière civile ; cet ensemble de principes constitue le droit commun. Nous n'aurons plus désormais à présenter un corps de doctrine, mais à constater des points de divergence.

88. Le législateur n'ayant point tenu les promesses de l'article 2084, le gage commercial était, avant la loi de 1863, régi par les mêmes règles que le gage civil. La loi de 1863 a introduit dans cette matière des innovations importantes dont nous avons apprécié plus haut le sens général. Nous avons dit que cette loi était venue pour sa part confirmer et consacrer la révolution qui transforme actuellement notre régime économique et financier, et que nous avons appelée la mobilisation des capitaux. Il est donc à peine nécessaire d'ajouter ici que cette loi n'est pas faite pour les créances qui ont revêtu les formes antiques du droit civil ; car la révolution dont nous parlons a été faite sans elles et en dehors d'elles.

« Il n'est pas dérogé, dit le nouvel article 91, 4° (C. comm.), aux dispositions de l'article 2075 du code

Napoléon, en ce qui concerne les créances mobilières, dont le cessionnaire ne peut être saisi à l'égard des tiers que par la signification du transport faite au débiteur. »

Voici comment s'exprime, à ce sujet, le conseiller d'État Cornudet, dans son exposé des motifs : « La signification du transfert au débiteur est nécessaire parce que, aux termes de l'article 1691, sans cette signification, le débiteur pourrait valablement payer au cédant. Elle doit donc être maintenue, même en matière de gage commercial, puisque sans elle le créancier n'aurait aucune sécurité sur la conservation du gage. Or, la signification suppose la rédaction d'un acte, et il y avait d'autant moins lieu dans l'espèce de ne pas conserver aussi la nécessité de l'enregistrement qu'en définitive l'exception ne porte que sur une sorte de valeurs d'une réalisation difficile, et dont le commerce ne peut être amené à faire l'objet d'un nantissement que dans des cas extrêmement rares. » M. Vernier, dans son rapport au Corps législatif, est encore plus explicite : « Le paragraphe 4, dit-il, a pour objet, dans sa disposition un peu trop rétrograde, de préserver le créancier gagiste de l'extinction qui pourrait avoir lieu de son gage, à son insu, lorsque ce gage est une créance autre que celle qui résulte des actions, ou obligations des compagnies, ou effets publics, ou valeurs négociables. Pour ces dernières créances, la libération du débiteur n'a jamais lieu sans la remise qui lui est faite du titre, et le créancier gagiste qui le détient n'a point à craindre l'extinction, en dehors de lui, de l'obligation qu'il renferme. Mais, pour les autres créances mobilières, le payement peut avoir lieu sans que le créancier gagiste à qui elles ont été données en gage en ait le moindre soupçon, et ce payement valable anéantirait le gage si, conformément à l'article 2075, le nantissement n'avait point été signifié au débiteur de la créance. »

89. La nécessité de se soumettre aux formes prescrites par l'art. 2075 (*C. civ.*) pour constituer un privilége au profit du créancier gagiste implique de la part de ce créancier l'obligation de suivre, pour la réalisation de gage, les règles de l'art 2078. En un mot ce sont les combinaisons du gage civil qui se retrouvent ici ; le législateur n'a pas voulu y toucher pour ce cas.

CHAPITRE II

DU GAGE DES CRÉANCES NOMINATIVES TRANSMISSIBLES PAR DÉCLARATION DE TRANSFERT SUR DES REGISTRES SPÉCIAUX.

90. Nous examinerons successivement ce qu'il y a de particulier dans le gage civil et dans le gage commercial appliqué à ces créances.

Nous comprendrons dans notre étude les actions dans les sociétés civiles ou commerciales. Nous avons démontré plus haut qu'on ne saurait les considérer comme des créances ; mais à raison de ce que cette manière de voir n'est pas en général celle des auteurs et de la jurisprudence, à raison de leur importance et de la forme dont elles sont revêtues, nous avons cru devoir les faire rentrer dans notre sujet.

91. § 1er. Quelques mots d'abord sur la nature et l'importance des titres nominatifs dont il s'agit ici.

Examinons rapidement les différentes espèces de valeurs cotées à la Bourse.

1° *Rentes sur l'État.* Une grande partie de ces rentes sont nominatives. Avant l'ordonnance du 29 avril 1834, elles étaient même toutes nominatives. Aux termes de l'art. 1er de cette ordonnance elles purent être converties en titres au porteur ; mais l'art. 9 dispose que cette conversion ne sera pas admise « pour toutes les

inscriptions qui représenteront les fonds de cautionne-
ments, des majorats constitués, ceux des établissements
publics ou religieux, des caisses de retraite, ceux qui auront été produits par la vente des biens avec charge de
remploi, qui proviendront des constitutions dotales, qui
appartiendront à des mineurs ou à des propriétaires ab-
sents; enfin pour toutes les rentes frappées d'une cause
légale quelconque d'immobilisation momentanée.

2° *Obligations résultant d'emprunts contractés par les
villes.* Elles sont nominatives ou au porteur. Pourtant les
divers emprunts de la ville de Paris sont constitués en
obligations qui sont toutes au porteur.

3° *Actions et obligations des chemins de fer.* Les actions de chemins de fer sont divisées en deux catégories :
celles qui sont garanties par l'État et celles qui ne jouissent pas de cette garantie ; les premières sont nominatives
ou au porteur ; les secondes sont toutes au porteur. Les
obligations sont nominatives ou au porteur.

4° *Actions de la Banque de France.* Elles sont toutes
nominatives et ne peuvent prendre la forme au porteur.

5° *Actions et obligations du Crédit foncier.* Les actions
doivent après leur entière libération être au porteur ; mais
jusque-là il n'a été émis que des certificats nominatifs
provisoires. Quant aux obligations, qui se divisent en obligations foncières et en obligations communales, elles peuvent être nominatives ou au porteur.

6° *Enfin actions et obligations des compagnies de finance, d'industrie et de commerce.* Beaucoup sont nominatives. Rappelons en outre qu'aux termes des art. 2 et
3 de la loi du 24-29 juillet 1867 sur les sociétés, les ac-

tions, tant qu'elles ne sont pas libérées de moitié, sont nécessairement nominatives, et qu'elles sont négociables après le versement du quart. Par conséquent dans la période qui suit le versement du premier quart (42) et qui précède le versement du second, toutes les actions appartiennent à la catégorie de titres dont nous nous occupons actuellement.

92. Il existe un certain nombre d'actions industrielles qui ne sont pas cotées à la Bourse. Telles sont les actions de la plupart des journaux, celles de quelques compagnies commerciales qui sont restées entre les mains de leurs fondateurs. Ces actions sont nécessairement nominatives, et rentrent aussi dans la classe des titres dont nous parlons dans ce chapitre, sauf le cas où les statuts sociaux exigeraient pour la cession l'observation des règles prescrites par le Code civil.

§ 2. GAGE CIVIL.

93. Il résulte de l'art. 91,1° que la loi de 1863 même pour les valeurs dont il s'agit ici établit une distinction entre le gage civil et le gage commercial. Il y a lieu de le regretter ; le rapporteur de la loi a déclaré qu'il le regrettait lui-même vivement, et, au nom de la commission, a bien voulu nous laisser entrevoir un avenir meilleur. En effet, outre le défaut d'harmonie que cette distinction introduit dans la loi, il y a là une source de graves difficultés. Nous avons dit un mot de celles que

(42) Avant le versement du premier quart, les actions sont cessibles, mais la cession devra en être faite suivant le mode du Droit civil

soulève la distinction dont il s'agit, lorsqu'on veut l'appliquer aux faits. En voici une autre qui fait nettement ressortir combien elle est malheureuse et peu pratique. Comment prouvera-t-on que les fonds prêtés ont été précisément affectés à tel acte de commerce, ou à tel acte civil, et non pas à d'autres actes de l'emprunteur? Or l'importance de cette preuve est considérable dans le système de la loi, puisque la validité du gage à l'égard des tiers en dépendra. « La prudence, dit M. Bédarride (43), conseille donc à celui qui traite avec un non-commerçant, dans les conditions de la loi nouvelle, d'exiger non-seulement un acte écrit, mais encore la mention de la cause de l'emprunt et de son affectation à un effet de commerce; sans quoi il pourrait bien se voir refuser le bénéfice de la nouvelle disposition. » Mais alors que devient cette simplification des formes du gage qui devait être un des avantages de la nouvelle loi? Si le prêteur traitait avec un commerçant, cette difficulté n'existerait plus : le gage étant présumé commercial (L. 638, 2° *C. comm.*), ce serait aux tiers à prouver le contraire.

94. Avant la loi de 1863, cette distinction entre le gage civil et le gage commercial n'avait pas lieu. En matière civile comme en matière commerciale le nantissement des valeurs nominatives n'était pas valable à l'égard des tiers sans un acte public ou sous seing privé enregistré. C'était l'application pure et simple de l'art. 2075, qui n'admet point de dérogation. Toutefois, quant à la formalité de la signification, comme la décla-

___

(43) *Du gage et des commissionnaires*, p. 526.

ration de transfert se fait généralement au siége de la société débitrice, quelques arrêts ont admis que cette déclaration équipollait à signification. Une solution plus radicale, qui consisterait à écarter complétement l'art. 2075 s'est même produite dans quelques décisions de la jurisprudence, pour le cas où le gage porte sur des actions. Nous en avons déjà dit notre sentiment, nous la retrouverons et nous y insisterons à propos des valeurs au porteur.

95. La question de savoir si l'on doit appliquer l'art. 2075 est plus délicate lorsque le nantissement est constitué en rentes sur l'État. Un arrêt de la Cour de Paris du 3 juin 1836 (S. 36, 2, 305) va jusqu'à décider que le transfert tel qu'il est organisé par la loi du 8 floréal an VII est seul efficace pour conférer la saisine de la rente, et qu'il ne peut être remplacé par une acceptation faite dans un acte authentique. Nous pensons, quant à nous, que le gage d'une rente nominative doit être conféré par acte dûment enregistré et signifié au Trésor, et l'inscription, remise entre les mains du créancier, ou d'un tiers convenu entre les parties (L. 2075 et 2076). En pratique voici comment les choses se passent le plus souvent : L'emprunteur sur gage consent un transfert de la rente au profit du prêteur, comme s'il y avait eu entre eux cession. Une contre-lettre, dressée entre les parties, constate que le cessionnaire n'est pas véritablement propriétaire de l'inscription, et ne peut le devenir qu'en cas de non-payement de la créance, à une époque déterminée. La qualité des parties et la nature de l'opération se trouvent ainsi fixées. Il est évident qu'il n'y a rien d'illégal dans

cette combinaison. Mais pouvons-nous y trouver les éléments constitutifs du nantissement? Non, du moins vis-à-
vis des tiers. Car si la contre-lettre révèle la situation
vraie des parties, elle ne saurait comme toute contre-
lettre, être opposée aux tiers (L. 1321, *C. Nap.*) Donc
pour les tiers la situation est celle-ci : l'inscription investit
le prêteur de la propriété pleine et entière de la rente ;
c'est un titre authentique qui constate des droits de propriété, et qui n'en peut pas constater d'autres, le Trésor
n'admettant pas les transferts à titre de garantie. Si le
prêteur cède cette rente à un tiers, l'acquéreur ne sera
soumis à aucun recours de la part de l'emprunteur. Il
sera par conséquent beaucoup plus sûr pour ce dernier
de s'en tenir aux formalités exigées par l'art. 2075.

96. Voilà pour la forme du gage, avant la loi de 1863.
Quant aux effets, on applique les règles générales que
nous avons étudiées plus haut, sauf une dérogation à
l'art. 2078, dérogation que la nature des choses rend
nécessaire. Lorsque les valeurs nominatives données en
gage sont cotées à la Bourse, ce qui est le cas le plus ordinaire, la vente de ces valeurs se fait en Bourse et par
l'intermédiaire d'un agent de change, et non pas aux enchères. Du reste le but que se proposait le législateur en
écrivant l'art. 2078, but qui était de donner au débiteur
le plus de garanties possibles au moment de la réalisation
du gage, se trouve complétement atteint par la vente en
Bourse. La jurisprudence admet sans difficulté cette dérogation à l'art. 2078 (44). Du reste elle se trouve en pré-

(44) Paris, 13 janvier 1854, S. 54, , 209.

sence de deux textes impératifs (arrêté de prairial an X et art. 76 *C. comm.*) aux termes desquels les effets publics, ou susceptibles d'être cotés, ne peuvent être vendus ailleurs qu'à la Bourse. Si le créancier gagiste veut se faire attribuer la valeur dont il est nanti, l'estimation par experts prescrite par l'art. 2078 ne sera pas utile, le cours des valeurs étant chaque jour constaté par une cote publique et officielle (Cass. 1er juillet 1856, S. 56, 1, 785; — 4 avril 1866, S. 66, 1, 433).

97. Telles étaient les règles auxquelles étaient soumis le gage civil et le gage commercial constitués en valeurs nominatives, avant la loi du 23 mai 1863.

Quelles sont les innovations introduites par cette loi?

L'art. 91 nouveau (*C. comm.*) est ainsi conçu dans ses paragraphes premier et troisième :

§ 1° Le gage constitué soit par un commerçant, soit par un individu non-commerçant pour un acte de commerce se constate, à l'égard des tiers comme à l'égard des parties contractantes, conformément aux dispositions de l'art. 109 du Code de commerce.

§ 3° A l'égard des actions, des parts d'intérêt et des obligations nominatives des sociétés financières, industrielles, commerciales ou civiles, dont la transmission s'opère par un transfert sur les registres de la société, le gage peut également être établi par un transfert à titre de garantie inscrit sur lesdits registres.

Nous tirons de ces dispositions deux conclusions : la première, c'est que le gage civil reste ce qu'il était avant la loi de 1863 ; nous n'avons donc pas un mot à ajouter à ce que nous en avons dit tout à l'heure ; la deuxième, c'est que le gage commercial constitué en rentes sur l'État reste assujetti aux mêmes formes qu'avant la loi de 1863, car dans l'énumération du § 3 de l'art 94, ces rentes ne sont point comprises. Nous nous référons donc pour cette sorte de valeurs aux explications que nous venons de donner.

98. Cela dit, nous allons exposer en quoi consistent les innovations de la loi de 1863.

§ 3. GAGE COMMERCIAL.

99. C'est ici qu'apparaissent ces innovations. L'art. 94, 1°, pour la constitution du gage commercial se réfère à l'art. 109, *C. comm.*

« Les moyens de preuve énumérés dans l'art. 109, lisons-nous dans l'*Exposé des motifs*, ont été expérimentés dans une matière tout à fait analogue, et l'on sait aujourd'hui à quoi s'en tenir sur le degré de sécurité qu'ils peuvent offrir aux tiers. Ils sont applicables à la constatation à l'égard des tiers eux-mêmes, des achats et des ventes; la vente pourrait comme le gage dissimuler un détournement frauduleux au préjudice des tiers créanciers. En fait, les moyens de preuve admis par le Code pour établir et constater la vente n'ont jamais paru insuffisants au juge chargé de rechercher *la date, la sincérité* et *l'objet de la vente*, en cas de contestation. Il n'y a donc pas de raison, aujourd'hui surtout que la régularité dans les écritures commerciales est bien plus généralement, bien plus complétement observée qu'elle ne l'était en 1808, il n'y a pas de raison pour que les preuves commerciales, suffisantes pour établir la sincérité et la date de la vente, ainsi que son objet à l'égard des tiers, suffisantes pour prévenir la fraude, suffisantes pour que le magistrat puisse la reconnaître et la réprimer, ne suffisent pas également au même but en ce qui concerne le gage. »

100. Quand il s'agit de valeurs nominatives qui se transmettent par déclaration de transfert, le § 3 de l'art. 91 vient offrir une facilité de plus. « Ces sortes de transfert, dit encore l'*Exposé des motifs*, ont cet avantage que, aux termes de l'art. 4 du règlement d'administration publique du 17 juillet 1857, fait pour l'exécution de la loi du 23 juin précédent, ils sont exempts du droit de transmission créé par ladite loi. Il a paru conforme au but que se propose le projet, de déclarer par le § 3 que cette espèce de transfert pouvait également servir à établir le gage à l'égard des tiers (45).

S'il s'agit de titres se rapportant à des compagnies qui n'admettent pas le transfert en garantie de leurs actions et obligations par inscriptions sur leurs registres, il est admis qu'on procédera de la façon que nous avons indiquée déjà pour les rentes nominatives : Le titre est transféré

(45) L'art. 91, 3° dans son énumération des titres nominatifs, place « *les parts d'intérêts* » Quelles sont les valeurs ainsi désignées ? « Ces valeurs, dit le rapporteur, M. Vernier, ont tous les caractères d'une action ; elles en diffèrent pourtant en ce sens qu'elles représentent une autre division de l'intérêt social que celle qui existe entre les actionnaires : c'est la part d'intérêt que les fondateurs d'une compagnie s'attribuent entre eux avant la mise en actions. » Il résulte de cette explication que la loi dans l'art. 91, 3° vise toutes les divisions possibles du capital social, sous quelque nom qu'elles se présentent, dès qu'elles sont nominatives et transmissibles par voie de transfert.

au nom du prêteur, mais celui-ci reconnaît dans l'acte qui intervient entre l'emprunteur et lui que, nonobstant le transfert à son nom, il n'a cependant sur le titre d'autre droit que celui de créancier gagiste. L'acte, aux termes de l'art. 109, n'aura pas besoin d'être enregistré.

101. Le § 1er du nouvel art. 92 dispose, comme l'art. 2076, C. *civil*, que le gage doit être mis et rester en la possession du créancier ou d'un tiers convenu entre les parties. On s'est demandé si cela est applicable aux valeurs dont la transmission s'opère par voie de transfert. La réalisation du transfert, dit-on, rend l'aliénation ultérieure du titre impossible sans le concours et le consentement du bénéficiaire de ce transfert. Donc le prêteur tiendra beaucoup plus au transfert qu'à la remise matérielle du titre ; et, ce transfert opéré, le privilége ne saurait être refusé lors même que, par une circonstance quelconque, la remise matérielle des titres n'aurait pas été effectuée. Nous ne saurions admettre cette doctrine qui à notre avis repose sur une pétition de principe. On se contente d'affirmer ce qu'il faudrait prouver, à savoir que l'art. 92, 1° ne s'applique pas ici.

Il est vraisemblable que le législateur en transportant dans le Code de commerce l'art. 2076 lui a conservé son sens et sa portée ordinaires. Or, aux termes de l'art. 2076, la base du privilége du gagiste, c'est la possession. Pourquoi en est-il ainsi ? Nous l'avons établi en étudiant l'art. 2076 : le législateur a voulu empêcher qu'une créance déjà grevée d'un gage ne fût présentée comme libre, et déjouer ainsi la mauvaise foi des emprunteurs qui auraient pu se parer d'un crédit imaginaire. Cette raison n'est-elle plus fondée ici ? Le contraire est trop évident. Quant à la déclaration de transfert, ici elle joue en définitive le même rôle que la signification. Or nous savons que la signification n'est pas suffisante pour établir le gage à l'égard des tiers. La même décision est vraie pour le transfert.

Voilà pour les formes extrinsèques et intrinsèques du gage. Passons aux effets.

102. Nous trouvons l'innovation de la loi de 1863 en cette matière dans le nouvel art. 93 1° (*C. comm.*) ainsi conçu :

« A défaut de payement à l'échéance le créancier peut, huit jours après une simple signification faite au débiteur, et au tiers bailleur du gage, s'il y en a un, faire procéder à la vente publique des objets donnés en gage. »

Cette disposition abroge, en ce qui touche le gage commercial, l'art. 2078 du Code Napoléon. Ici le recours aux tribunaux n'est plus exigé. L'inconvénient de ce recours était d'amener un retard toujours nuisible aux créanciers. « *Time is money,* » disent avec raison les Anglais. Aussi peut-on se demander avec le rapporteur, M. Vernier, si cette protection du débiteur, organisée avec tant de soin part l'art. 2078, n'a pas dépassé un peu le but, et éloigné les capitalistes d'un contrat qui entourait les remboursements de si grandes difficultés. Sans doute, ce remboursement est assuré puisqu'il est garanti par la valeur du gage ; mais l'époque où ce remboursement doit être fait est aussi souvent importante pour le prêteur que le remboursement lui-même, et les

retards que peut, que doit y apporter un procès nécessaire avec une expertise, étaient peu faits pour engager à
prêter sur gages. En voulant protéger le débiteur on a
donc enchaîné le créancier, et par suite condamné la convention sur gage à un rôle tout à fait secondaire dans le
crédit.

« En fait, dit l'*Exposé des motifs*, il résulte des renseignements recueillis dans l'instruction du projet de loi
que les banquiers les mieux famés et les établissements
de crédit qui ne jouissent pas des avantages exceptionnels conférés à la Banque, au Crédit foncier et aux Comptoirs se refusent aux opérations de prêts sur gage en
grande partie à cause des embarras et des frais qu'entraîne pour la réalisation du gage, l'obligation de recourir à l'autorisation de la justice. Nul doute que, lorsque
la faculté dont jouissent les établissements privilégiés
appartiendra à tous, quand tout prêteur quelconque sur
gage commercial sera sûr de recouvrer sa créance facilement, sans frais et au jour dit, il n'y ait un plus grand
nombre de banquiers et de capitalistes disposés à prêter
au commerce sur nantissement, et qu'ils ne prêtent à un
taux d'intérêts plus modéré. On peut donc dire ici que
favoriser le créancier, c'est par le fait favoriser le débiteur. »

103. Cette citation fait apprécier suffisamment l'esprit qui a présidé à la rédaction de l'art. 93, 1°. — L'art.
7 de la loi du 28 mai 1858 sur les warrants avait déjà
permis de juger l'effet pratique de la réalisation accé-
lérée du gage. L'effet avait été très-satisfaisant. On em-
prunta donc cette disposition à la loi sur les warrants

pour la généraliser dans la loi sur le gage commercial. Le marché de la Bourse était désormais ouvert sans difficulté aux valeurs données en nantissement comme le marché des ventes publiques en gros l'avait été en 1858 aux marchandises (Deuxième loi du 28 mai 1858).

104. Nous n'avons pas à insister sur le dernier paragraphe de l'art. 93, *C. comm.* ; il n'est que la reproduction de l'art. 2078 *in fine* (*C. Napoléon*). Nous nous référons à nos explications sur cet article.

105. Nous en aurions fini avec le gage commercial appliqué aux valeurs nominatives, si au milieu des nombreuses combinaisons de formes sous lesquelles l'activité commerciale, laissée à ses libres allures, déguise le nantissement, nous n'en avions pas deux particulièrement à étudier ici avec quelques détails. Ces deux combinaisons s'appellent *couverture des agents de change* et *report*. Elles sont d'une importance pratique considérable et leur nature est très-controversée.

1° *Couverture des agents de change.*

Quelques mots d'abord sur la situation des agents de change.

106. Ces agents sont dans tout achat, dans toute vente d'effets publics des intermédiaires privilégiés. Comme contre-partie de ce privilége, il leur incombe l'obligation de prêter leur ministère toutes les fois qu'ils en sont requis. D'après l'art. 86, *C. comm.*, ils interviennent dans les marchés qu'ils concluent comme courtiers, c'est-à-

dire qu'ils ne s'engagent pas personnellement; ils mettent simplement les parties en présence. Leur entremise doit être, non pas gratuite, mais désintéressée. — D'un autre côté l'art. 19 de l'arrêté du 27 prairial an X leur impose de garder le secret le plus inviolable aux personnes qui les chargent de négociations; il en résulte qu'ils deviennent garants des marchés qu'ils passent. Il y a là deux dispositions évidemment contradictoires entre lesquelles il a fallu opter en pratique. L'extrême importance du secret dans les opérations de Bourse devait nécessairement amener l'agent de change à garantir ces opérations. Aujourd'hui c'est un fait accompli dans nos mœurs financières; l'agent de change est un véritable commissionnaire; il s'engage lui-même et répond de l'exécution du marché.

107. Les marchés qui ont lieu à la Bourse se divisent en marchés au comptant et en marchés à terme : aucune distinction à faire entre ces deux espèces de marchés quant à la responsabilité des agents de change. L'arrêté du 27 prairial an X dit d'une façon générale (art. 13) : « Chaque agent de change devant avoir reçu de ses clients les effets qu'il vend, ou les sommes nécessaires pour payer ceux qu'il achète, est responsable de la livraison et du payement de ce qu'il aura vendu et acheté.... »

Dans les marchés au comptant il est d'usage qu'avant la négociation le vendeur et l'acheteur déposent entre les mains de leur agent de change, le premier les titres, le second l'argent. C'est l'exécution stricte de la disposition précitée. Ajoutons qu'en fait il arrivera maintes fois que l'agent fera l'avance du prix de la négociation pour un client dont la solvabilité est connue.

Pour les marchés à terme au contraire on ne dépose jamais ni les titres ni l'argent, non qu'il y ait là une concession bénévole de l'agent de change, mais la nature des marchés à terme entraîne cette conséquence : car ces marchés se règlent généralement en différences. Qu'est-ce que ces différences ? Pour le faire comprendre, il est nécessaire d'entrer dans quelques détails sur les marchés à terme et sur ce qu'on appelle la liquidation en Bourse (46).

108. Le marché à terme est un marché par lequel le vendeur s'oblige à livrer des effets publics, tels que rentes sur l'État, actions de chemins de fer, ou autres valeurs cotées à la Bourse, à l'échéance d'un certain délai, et l'acquéreur à en donner à la même époque l'équivalent en numéraire. Voilà la définition abstraite du marché à terme. Mais comment fonctionne-t-il pour servir d'instrument ordinaire à la spéculation boursière ? Proudhon (*Manuel du spéculateur à la Bourse*) l'explique par ces deux exemples très-clairs :

Premier exemple : Les fonds sont à la baisse ; une question politique dont la solution semble se compliquer paraît devoir tenir longtemps la cote en souffrance. Vous vendez au 1er juin livrables fin courant 2,250 francs de rente 4 1/2 p. 100 à 92. Si vous ne possédez pas les titres vendus, vous pouvez, dans le courant du mois,

(46) Notre unique but étant de donner une idée claire de ce qu'on appelle différences en matière de Bourse, nous ne parlons ni des escomptes ni de la distinction capitale entre les marchés fermes et les marchés à prime.

vous les procurer. Le 15, le 4 1/2 est tombé à 90. Vous achetez pour fin courant à 90 fr. les 2,250 francs de rente que vous devez livrer à 92 francs. Vous vous trouvez en mesure de faire face à votre engagement, et vous bénéficiez de 1,000 francs sur votre marché.

Deuxième exemple : Les fonds sont à la hausse. Vous achetez au 15 juin pour fin juillet 1,500 francs de rente 3 p. 100 à 67 francs. Dans l'intervalle de la livraison le 3 p. 100 monte à 68 francs. Vous vendez comptant ou à terme, car vous avez toujours la faculté de vous faire livrer par anticipation, moyennant payement, les effets vendus. Vous encaissez le boni, soit 500 francs. Si contre vos prévisions le 3 p. 100 se maintenait toujours en baisse et que vous fussiez obligés de vendre à 66 fr. 50 c., vous en seriez quitte pour la perte de la différence, soit 250 francs.

Ces deux exemples montrent nettement comment ces marchés, bien qu'ils affectent la forme d'achats et de ventes, peuvent se résoudre en de simples payements de différences.

109. On appelle précisément liquidation la réalisation des marchés qui, pour presque toutes les valeurs se fait à la fin de chaque mois. Tous les spéculateurs liquident à ce moment leur position avant de s'engager dans de nouvelles opérations : ce qui implique le règlement d'un nombre considérable d'affaires. Comment va s'opérer la liquidation ? Les vendeurs vont-ils livrer effectivement des titres, les acheteurs, du numéraire ? Non. Les choses se passent plus simplement. Tout achat étant suivi d'une vente et toute vente d'un achat, il y a lieu à des compen-

sations multiples (47). Les agents ne payent que le solde des sommes pour lesquelles ils sont acheteurs. Ce solde constitue l'ensemble des différences, gain pour les uns, perte pour les autres.

Les agents de change étant garants des marchés portent à chaque liquidation le poids de ces différences. D'où la nécessité pour eux de demander une garantie à leurs clients : c'est cette garantie qui s'appelle couverture.

110. L'usage des couvertures n'a jamais été sanctionné par la loi. Au contraire, l'art. 13 de l'arrêté de prairial nous conduit logiquement à dire que l'agent de change devant être nanti des titres ou de l'argent, la couverture n'a pas lieu d'exister. Mais, du moment que l'on admet la validité des marchés à terme, on est forcé d'accorder à l'agent de change la faculté de ne pas exiger le dépôt immédiat des titres vendus, ou de la somme nécessaire pour solder l'achat, dépôt qui serait contraire à l'idée même du marché à terme ; on est forcé d'autoriser l'usage de la couverture qui est l'un des éléments essentiels de ce marché.

111. Il y a donc une question préalable qui domine toute notre matière, c'est celle de savoir si, dans l'état actuel de la législation, les marchés à terme sont licites. Nous ne pourrions, sans sortir de notre cadre, nous enga-

---

(47) Cette opération ressemble beaucoup à celle qui a lieu entre banquiers au clearing house de Londres. Les dettes se compensent entre elles. Il reste un solde dont le payement donne lieu à un mouvement de fonds très minime. Prétendra-t-on dans ce cas que les dettes compensées jusqu'à due concurrence sont fictives parce que ce reliquat seul est effectivement payé? Certainement non. On n'est pas plus fondé à prétendre que les marchés de Bourse ne sont pas sérieux, parce qu'ils se résolvent en payement de différences.

ger dans la vaste et intéressante controverse qui s'est élevée sur ce sujet. Nous nous bornerons à indiquer d'un mot notre opinion. Pour nous les marchés à terme sont licites. La jurisprudence (48) décide qu'ils sont licites lorsqu'ils sont sérieux ; et elle se réserve le droit d'examiner en fait s'ils présentent ce caractère.

112. Même en restant dans l'opinion adoptée par la jurisprudence, il y a donc lieu d'admettre la couverture, et de se demander quelle est la nature de cette convention.

Doit-elle être considérée comme un payement anticipé, ou comme un nantissement?

Pour nous, il ne peut y avoir là de payement anticipé, et cette idée n'est du reste guère soutenable ni soutenue lorsque ce sont des titres nominatifs qui ont été remis à l'agent de change, sans doute; s'il y a eu remise d'espèces, on a pu, avec apparence de raison, non pas soutenir que cette remise était l'exécution anticipée du marché, — cette idée, nous l'écartons comme tout à fait fausse (49), — mais

.(48) La jurisprudence jusqu'en 1823, valide tous les marchés à terme ; de 1823 à 1840, elle les annule tous. Depuis 1840, elle use de la distinction dont nous parlons au texte. Il y a bien des objections à faire contre son système : il en a deux surtout qui sont radicales. 1° Il manque de netteté, car il est fondé sur une appréciation toujours arbitraire des ressources de ceux qui passent des marchés de Bourse. 2° Il est impuissant, car il n'entrave pas en fait les jeux de Bourse.

(49) Si le client a remis des titres en couverture et qu'il soit acheteur, il n'a pas rempli par anticipation son obligation, qui est de donner de l'argent. S'il a remis de l'argent et qu'il soit vendeur, il n'a pas non plus rempli son obligation, qui est de livrer des titres. Donc la couverture ne peut être définie « l'exécution anticipée du marché, » puisque cette formule ne peut convenir à tous les cas. En outre, il est évident qu'elle n'est fondée que sur une analyse incomplète des rapports de droit qui se forment entre les agents de change et leurs clients.

présenter la thèse que nous allons résumer. Si nous analysons la situation de l'agent de change vis-à-vis de son client, nous y trouvons deux rapports de droit : 1° l'agent de change a reçu de son client un mandat de vendre ou d'acheter ; 2° son client lui a remis une somme d'argent à raison de la créance éventuelle que peut faire naître l'exécution du mandat. Eh bien! dans l'opinion que nous combattons, la couverture serait le payement anticipé de cette créance. La couverture est-elle constituée en titres nominatifs, il faudrait y voir, conformément à ce système, une dation anticipée en payement. Nous ferons observer, pour ce dernier cas, que la simple remise de ces titres à l'agent de change ne peut lui en transmettre la propriété. Mais, dit-on, l'agent a pu se faire donner un ordre de vente. Nous répondons que cet ordre de vente n'est pas suffisant pour faire considérer le client comme n'étant plus propriétaire, et pour donner à la remise le caractère de dation en payement.

Mais allons au fond de la question. Que la couverture soit constituée en espèces, en titres au porteur, ou en titres nominatifs, peu importe, la situation reste la même. On parle de payement anticipé, de dation en payement anticipé. Il y a donc une dette. Cette dette, ce sont les différences qui peuvent rester à la charge de l'agent de change. Mais ces différences peuvent aussi ne pas se produire. Comment comprendre l'idée d'une anticipation de payement pour une dette qui peut-être ne naîtra jamais? Pour une situation de ce genre, la loi offre un contrat spécial, c'est le nantissement. Quel est, en effet, l'idée fondamentale du nantissement? C'est d'affecter une va-

leur au payement d'une créance qui, dans les prévisions
du créancier, pouvait rester en souffrance. Ici l'agent de
change a voulu que son client lui garantît un payement
dont il suspectait la certitude. La couverture n'est autre
chose qu'un nantissement (50).

113. Faut-il appliquer ici les formes du nantissement
civil, ou celles du nantissement commercial ? Cette question a grand intérêt pour les tiers : il s'agit de savoir à
quelles conditions de forme les agents de change auront
contre eux des droits exclusifs sur les valeurs remises en
couverture. Nous nous heurtons contre une nouvelle difficulté. Nous savons que la règle à suivre pour savoir si
le gage est civil ou commercial est celle-ci : déterminer
d'abord le caractère de la créance garantie; cette créance
est-elle civile ? en conclure que le gage est civil ; est-elle
commerciale ? en conclure que le gage est commercial.

Ici la créance garantie, c'est la créance éventuelle qui

(50) *Sic* Paris, 19 novembre 1864, S. 64, 2, 280, et 13 juin 1868,
S. 68, 2, 268. *Contra* Paris, 5 novembre 1849, S. 50, 2, 661 et 16 juillet 1851. D. 52, 2, 95. La jurisprudence est hésitante. Si elle voit si
souvent dans la couverture un payement anticipé, c'est, croyons-nous,
qu'elle se laisse toucher par la situation qu'elle crée aux intéressés
dans les cas où elle prononce la nullité des marchés à terme. Il arrive, en effet, trop souvent que, lorsque l'agent de change règle avec
ses clients, ceux-ci, en présence d'une opération mauvaise, font valoir l'exception de jeu et se font donner par la justice une quittance
gratuite. Si la couverture est un nantissement, cette garantie tombe,
en vertu de la règle « *accessorium sequitur principale,* » et l'agent de
change reste désarmé contre la mauvaise foi de son client. Si, au contraire, c'est un payement anticipé, aux termes de l'art. 1967 (C. civil),
la répétition des sommes volontairement payées pour dettes de jeu
n'est pas possible, et l'agent n'a rien à craindre de son client. Il nous
semble que cette considération est de nature à influer singulièrement
sur l'esprit des juges.

pourra naître de l'exécution du mandat. Pour déterminer la nature de cette créance, suffit-il de rechercher si le mandat donné à l'agent de change est civil ou commercial? Non, il faut étudier la créance en elle-même, dans ses éléments constitutifs. Or cette créance représente le solde résultant du règlement d'une ou de plusieurs opérations généralement commerciales. Donc elle est commerciale; le nantissement dont il s'agit est aussi commercial, et n'est soumis à aucune forme particulière (art. 91, C. comm.) pour être valable à l'égard des tiers. Les opérations qui donnent naissance à la créance garantie sont généralement commerciales, avons-nous dit; il en pourrait être autrement, dans le cas par exemple où le client n'aurait voulu faire qu'un placement. Il faudrait voir alors dans la couverture un gage civil, et l'assujettir vis-à-vis des tiers aux formes prescrites par l'art. 2075 (C. Nap.).

114. Suivant que le nantissement sera civil ou commercial, on suivra les règles de l'art. 2078 (C. civ.) ou de l'art. 93 (C. comm.) pour réaliser les titres et en appliquer le produit au règlement des pertes. Dans les cas où il y aura lieu de suivre les règles de l'art. 2078, sera-t-il nécessaire de recourir à la justice selon la stricte prescription de la loi? L'autorisation de la chambre syndicale des agents de change ne suffit-t-elle pas? Il s'agit en définitive de savoir si la chambre syndicale peut jouer le rôle de ce tiers désintéressé qui, en matière de gage, doit intervenir au moment de l'exécution du débiteur. Or ce point ne fait pas doute pour nous, d'autant plus que la vente s'effectuant en Bourse, le débiteur ne peut être

lésé. Ajoutons que l'agent de change doit mettre en demeure son client avant l'exécution; la mise en demeure est une formalité préliminaire à toute exécution forcée et qui est impérieusement exigée par le droit commun; le client aura donc le temps de se mettre en mesure, s'il le juge convenable, et qu'il ait des ressources. Cette manière de procéder est parfaitement conciliable avec les dispositions de l'art. 2078, qui laisse une certaine latitude aux conventions des parties. Mais ce qui serait absolument contraire à l'esprit et à la lettre de l'art. 2078 comme de l'art. 93, ce serait d'autoriser l'agent de change à réaliser les valeurs remises, par anticipation et avant que la liquidation n'eût accusé un découvert. Cette exécution préventive nous paraît tout à fait illégale (sic Paris, 10 mai 1856, D. 57, 2, 2) (51).

Telle est la doctrine conforme aux principes, telle est celle qui paraît se dégager des décisions un peu contradictoires de la jurisprudence.

2° Reports.

115. L'agent de change peut, après mise en demeure, au lieu d'exécuter son client, le reporter. Qu'est-ce au

(51) L'exécution, dit le garde des sceaux Delangle dans sa lettre au procureur général Dupin pour l'affaire Mirès, l'exécution, mot nouveau dans la langue juridique, mais bien connu dans la pratique commerciale, a désigné jusqu'ici une vente aux risques et périls du client des valeurs par lui remises en couverture. Le détenteur ne doit exécuter qu'après avertissement préalable, et l'insuffisance de cette mesure a servi souvent de prétexte à des récriminations de l'exécuté..... L'exécution n'est entrée dans la pratique commerciale que comme un moyen de réalisation, afin que le détenteur n'eût pas la velléité de s'attribuer sur une estimation arbitraire les valeurs qui lui ont été remises.

juste que le report? « Le report, dit M. Bravard, est une opération mixte, à la fois, au comptant et à terme, composée de deux éléments, d'un achat au comptant, d'une vente à terme, qui se font non pas successivement, mais simultanément, non par deux contrats distincts, mais par un seul et même contrat ». Le mot *report* désigne non-seulement l'opération, mais aussi le bénéfice qui peut en résulter pour l'une des parties contractantes. « La différence entre le prix d'achat et le prix de vente constitue, dit M. Courtois fils (*Opérations de bourse*, p. 19), ce qu'on appelle report, lorsque le bénéfice est pour le prêteur, et déport lorsqu'il est pour l'emprunteur. En d'autres termes, il y a report quand il y a excès de titres et demande d'argent, et déport quand ce sont les titres qui sont recherchés et l'argent qui est offert. Celui qui emprunte l'argent se fait reporter et celui qui le prête reporte. » Nous n'avons pas à faire la théorie complète de cette opération ; notre unique but est de rechercher si le contrat de report constitue, comme beaucoup le prétendent, un prêt sur nantissement.

En réalité, dit-on, le capitaliste qui reporte joue le rôle d'un prêteur, et le spéculateur qui se fait reporter pour continuer ses opérations est un emprunteur. Le titre livré par ce dernier est la garantie du prêt, et la différence du prix de l'achat au comptant et de la vente à terme représente l'intérêt de l'argent.

Nous ne pouvons admettre cette opinion. Nous voyons dans le report non pas un prêt sur nantissement, mais une sorte de vente à réméré, où le rachat serait forcé au lieu d'être facultatif. Voici la raison principale qui nous détermine : dans le prêt, le taux de l'intérêt est imposé par le prêteur et débattu par l'emprunteur ; quant au capital, il doit être remboursé intégralement à l'échéance. Dans le report au contraire, le bénéfice, c'est-à-dire ce qui représenterait l'intérêt, est réglé par le cours de la Bourse ; d'un autre côté, en rachetant à terme ce qu'on a vendu au comptant, on court le risque de racheter plus cher qu'on n'a vendu : donc on pourra non-seulement ne pas avoir de bénéfice, c'est-à-dire ne pas toucher d'intérêts, mais encore ne pas rentrer dans tout son capital. Un prêt sur nantissement n'a point ce caractère aléatoire.

116. Quelquefois cependant un véritable prêt sur nantissement pourra se déguiser sous la forme d'un report. Ce ne sera plus alors l'opération de Bourse appelée report, mais un contrat qui devra être régi suivant les principes généraux du prêt sur nantissement. (*Sic.* Trib. comm. de la Seine, 11 mars 1857.)

CHAPITRE III

DU GAGE DES CRÉANCES TRANSMISSIBLES PAR ENDOSSEMENT

117. Passons maintenant à l'étude du gage appliqué à une troisième classe de titres, aux titres à ordre, et demandons-nous quels sont les formes et les effets d'un pareil contrat.

118. Les titres à ordre comprennent la plus grande quantité des signes représentatifs créés pour les besoins du crédit privé : lettres de change, billets, chèques, etc., en un mot toutes les valeurs désignées sous la dénomination collective d'effets de commerce. Les bons du Trésor, qui peuvent être à ordre, sont des papiers fiduciaires se rattachant au crédit public. Quant aux actions à ordre, elles sont peu usitées dans la pratique ; mais la loi reconnaît leur existence.

Sans approfondir la nature des titres à ordre, disons rapidement comment ils sont constitués et quels avantages ils présentent.

119. Le titre à ordre est un cadre d'obligation, où le sujet actif est essentiellement mobile, tous les autres rapports de droit restant fixes. Chaque sujet actif en succédant à son prédécesseur apporte son individualité juridique, sa *persona*, dégagée de tout mélange avec la personnalité de son endosseur. Ce qui doit être entendu

en ce sens que les exceptions qui, en matière de cession ordinaire, auraient pu lui être opposées du chef de l'endosseur considéré comme cédant, ici ne lui sont pas opposables. Le souscripteur ne pourra invoquer que deux classes d'exceptions : 1° celles qui lui sont personnelles; 2° celles qui nées du chef d'un des prédécesseurs du porteur se révèlent par la seule inspection du titre. Cela tient à ce que, en vertu de la clause à ordre, il s'engage directement envers le porteur, quel qu'il soit, au jour de l'échéance.

C'est là qu'est la différence profonde qui sépare les titres à ordre des titres à personne dénommée dont nous nous sommes occupés jusqu'à présent; c'est cette particularité qui fait de ces valeurs si facilement circulantes une espèce de papier-monnaie.

120. Nous n'insisterons pas sur un second effet de l'endossement qui est d'imposer à chaque endosseur la garantie du payement du titre. Il nous suffit de faire remarquer que l'endossement n'est en définitive qu'un mode de cession spécial aux titres à ordre; nous en tirerons tout à l'heure une conséquence intéressante pour notre matière.

Arrivons au gage appliqué à ces titres.

1° *Formes du gage.*

121. Avant 1863, la loi civile et la loi commerciale étaient également muettes sur ce sujet. Dans le silence du Code, quelles formes avaient dû être adoptées pour constituer le gage vis-à-vis des tiers? La réponse était

loin d'être unanime. Deux opinions partageaient la doctrine et la jurisprudence.

122. L'opinion dominante était que les formalités
prescrites par l'art. 2075 (C. civ.) ne devaient point être
observées ici. On appuyait cette thèse sur l'art. 136
(C. comm.). L'art. 2075, disait-on, prescrit pour le nantissement des créances les mêmes formes que l'art. 1690
pour la cession. Pour le nantissement comme pour la cession il faut un acte écrit et notifié au débiteur de la
créance constaté par le titre. Généralisant ce fait, on en
concluait que le système de la loi était de n'exiger pour
la constitution du gage que les formes nécessaires à la
transmission de la propriété. Or pour la transmission des
titres à ordre en toute propriété, l'endossement est la
formalité nécessaire et suffisante (L. 136, C. de comm.);
donc elle suffit aussi pour le nantissement. Seulement
comme le nantissement, ainsi que nous l'avons montré,
n'est qu'une cession limitée à certaines fins, on devait
introduire, ajoutait-on, dans le libellé de l'endos une formule restrictive, la formule « valeur en garantie, » comme
en d'autres occasions on dit « valeur en compte ». « L'énonciation *valeur en garantie,* dit la Cour de cassation
(6 août 1845), remplit le vœu de la loi aussi bien que
celle de *valeur en compte,* sauf dans l'un comme dans
l'autre cas la fixation de la position respective des parties
par suite du règlement de leurs opérations ». (*Sic* Req.
Rej., 18 juillet 1848, S., 48, 1, 609.)

123. Cette solution était contestable et contestée. Le
système de la loi ne permet pas de conclure des formes
de la transmission de la propriété aux formes de la cons

titution du gage. C'est ce que démontre avec évidence le rapprochement des deux articles 2074 et 2279. Donc l'art. 136 doit être écarté. Cet argument a une apparence de formalisme qui pourrait le discréditer. Mais allons au fond des choses, et nous reconnaîtrons qu'il y a entre la transmission de propriété et la constitution du gage cette différence manifeste que ce dernier acte prête à la fraude bien plus que le premier, et que pour cette raison la loi a dû le soumettre à des formalités plus rigoureuses.

La vérité est que le Code de commerce a gardé le silence sur la question en litige ; il faut donc en revenir à la seule organisation du gage qui soit tracée dans les textes, celle des articles 2075 et suivants du Code civil. (*Sic* Lyon, 12 juillet 1849. Amiens, 2 mars 1861, S. 49, 2, 703 ; 61, 2, 158.)

124. Cette dernière opinion nous paraît fondée en textes mieux que la première, et c'est celle qui nous paraît devoir être suivie aujourd'hui, lorsque les titres à ordre font l'objet d'un gage civil, cas qui pourra se présenter lorsque ces titres ne seront pas des lettres de change, car la forme de la lettre de change commercialise tous les rapports de droit où elle intervient. La loi de 1863 a eu pour effet de faire entrer dans le domaine des faits législatifs l'opinion que la Cour de cassation avait consacrée. Mais rappelons-nous que cette loi n'a statué que pour le gage commercial. Donc, si le gage est civil, nous sommes ramenés à la controverse que nous avons analysée plus haut. Sans doute la loi nouvelle donne un singulier appui à l'opinion qui était déjà triomphante,

et peut-être la jurisprudence se chargera-t-elle d'introduire dans ses décisions l'harmonie que le législateur n'a pas mise dans la loi. Mais, à notre sens, la solution véritablement conforme aux textes est celle qui applique au gage civil, même s'il est constitué en titres à ordre, les règles des art. 2075 et suivants. N'a-t-on pas déclaré à plusieurs reprises dans les travaux préparatoires de la loi de 1863 que cette loi ne touchait pas à l'organisation du gage civil ? N'achevons donc pas l'œuvre du législateur avant qu'il s'y soit décidé lui-même.

125. Nous sommes ici en présence de deux séries de formalités : les unes relatives à la cession, les autres au nantissement, les unes et les autres résultant et de la nature de l'opération et de la nature du titre sur lequel on opère. Lorsqu'il s'agit de créances nominatives transmissibles suivant le mode civil, ces formalités se trouvent être semblables ; pour les titres à ordre, au contraire, elles sont différentes. Mais sont-elles exclusives les unes des autres ? Non. Il faut seulement que nous retrouvions, sous cette diversité de formes, les éléments qui constituent le privilége du gagiste. Or, un des plus importants, c'est la date certaine assurée à l'acte. Entre commerçants, les livres qu'ils doivent tenir pourront l'établir ; le livre-Journal particulièrement, ce miroir fidèle de l'existence commerciale, en gardera la trace (L. 8, C. com.), et la sanction rigoureuse édictée par l'article 139, C. com. ne sera pas illusoire. Mais, lorsque le gage est civil, cette ressource n'existe plus. Concluons-en que, si l'endossement peut être admis comme tenant lieu de l'acte exigé par l'article 2075, il faut du moins qu'il ait acquis une

date certaine par l'un des modes énumérés dans l'article 1328 (C. civil).

126. L'article 91, 2° est ainsi conçu :

« Le gage, à l'égard des valeurs négociables, peut aussi être établi par un endossement régulier, indiquant que les valeurs ont été remises en garantie. »

Ce qui veut dire que, lorsqu'il s'agira de valeurs à ordre, on pourra prouver la constitution du gage commercial, non-seulement par tous les moyens ordinaires, mais encore par un endossement régulier. On aura dû seulement qualifier cet endossement, afin de restreindre à un simple nantissement le transport qui en est l'effet ordinaire. Si l'endossement ne réunissait pas toutes les conditions exigées par l'article 137 (C. com.), le gagiste aurait la faculté de recourir aux modes de preuve indiqués par l'article 109 (art. 91, 1° C. com.).

2° *Effets du gage.*

127. L'article 91, 5° s'exprime ainsi :

« Les effets de commerce donnés en gage sont renouvelables par le créancier gagiste. »

Ce cinquième paragraphe de l'article 91 n'est destiné, dit le rapporteur de la loi, qu'à lever les doutes qu'aurait pu concevoir le souscripteur d'un effet de commerce sur la validité du payement qu'il aurait à faire à l'échéance entre les mains du créancier gagiste. Le souscripteur aurait pu, en effet, se demander s'il payait à un mandataire ayant pouvoir de toucher (52). Remarquons que le

(52) Quelques auteurs soutiennent, en effet, que l'article 1241 du

débiteur qui a engagé la créance en est toujours titulaire, et que le nantissement n'a point été signifié au souscripteur. Ce dernier pouvait donc craindre d'avoir à payer deux fois.

Pourquoi cette disposition spéciale aux effets de commerce? C'est que les effets de commerce doivent être payés à l'échéance avec la plus stricte ponctualité, et qu'il fallait éviter ici toute cause de retard. Les juges eux-mêmes ne peuvent accorder aucune prolongation de délai pour le payement des effets de commerce (art. 157, C. comm.).

Nous appliquerions donc l'article 91, 5°, même s'il s'agissait d'un gage civil; car cet article n'est qu'un corollaire de l'article 2080, 1° (C. civil).

Code Napoléon est applicable lors même qu'il s'agit du payement d'un effet à ordre.

CHAPITRE IV

DU GAGE DES CRÉANCES TRANSMISSIBLES PAR TRADITION.

128. Enfin, une quatrième espèce de créances peut faire l'objet du gage, ce sont les créances qui ont pris la forme au porteur.

129. Nous avons déjà montré quelle est, dans notre organisation financière actuelle, l'importance des titres au porteur. Ce sont certainement de tous les titres négociables les plus nombreux et les plus répandus ; car ce sont ceux qui se prêtent le mieux aux besoins multiples de la circulation. Nous avons vu que les inscriptions de rente pouvaient être au porteur ; il en est de même des bons du Trésor, et des actions et obligations des sociétés industrielles (53). Les obligations créées par la ville de Paris sont toutes au porteur ; enfin, la plupart des valeurs étrangères cotées à la Bourse se présentent aussi sous cette forme.

130. Une indication rapide des principes qui régissent ces titres montrera quels avantages résultent de leur forme, expliquera la faveur dont ils jouissent et nous

---

(53) Rappelons ici qu'aux termes de l'art. 3 de la loi de 1867 sur les sociétés les actions ne peuvent être au porteur que : 1° si elles sont libérées de moitié ; 2° si les statuts constitutifs de la société le permettent, et 3° si les associés réunis en assemblée générale en ont donné l'autorisation.

permettra de préciser avec plus de netteté les anomalies que nous allons constater dans la constitution du gage, lorsqu'ils font l'objet d'un contrat de ce genre.

Le titre au porteur a cette propriété de rendre le droit qu'il représente cessible par la seule remise du titre représentatif lui-même. Ici plus d'acte écrit ni de signification, plus de déclaration de transfert ; la formalité simplifiée de l'endossement elle-même a disparu. Le droit est incorporé au titre, et se transmet avec lui comme une chose corporelle. L'article 2279, avec sa maxime toute-puissante « possession vaut titre, » va s'appliquer au droit matérialisé ; le droit des choses fait ainsi irruption par cette large brèche dans le droit des créances ; les deux idées, en général si profondément distinctes, de propriété et de créance se touchent et se pénètrent en ce point.

Cette matérialisation du droit a une limite qu'il faut exactement poser. En définitive, nous nous trouvons toujours en face d'un rapport de créancier à débiteur ; seulement, en vertu de la forme du titre, un des termes de ce rapport, le terme créancier, est doué d'une mobilité plus grande encore que dans le titre à ordre ; car les responsabilités et les garanties multiples qui naissent de la clause à ordre, ici n'existent pas. La limite que nous cherchons est indiquée par cette idée, que les règles de forme seules sont changées ici, que les règles de fond restent les mêmes ; mais, en mainte occasion, la forme va réagir sur le fond, et cette réaction est nécessaire et logique. Nous essaierons de le démontrer.

131. Chaque institution de droit a ses formes spé-

ciales, que le travail successif des générations scienti-
fiques, en les améliorant peu à peu, a moulées pour ainsi
dire sur le fond. Si l'on change ces formes pour les remplacer par d'autres empruntées à des institutions voisines,
la conséquence inévitable de ce changement, c'est qu'il
se produit des déviations dans les effets ; car il y a, entre
la forme primitive et ces effets, un système d'harmonies
juridiques qui se trouve rompu. Mais le fond reste le
même, et le rôle du jurisconsulte est de le maintenir
autant que possible pur de toute altération.

Prenons pour exemple l'ancienne forme des créances,
le titre à personne dénommée, et l'ancienne forme consacrée par le temps pour la cession de ce titre, la forme
que le Code civil a organisée dans les articles 1690 et
suivants. A ces deux formes se rattachent un ensemble
d'effets, qui sont la conséquence logique et de la nature
des créances et de ces deux formes elles-mêmes. Puis
une autre forme de cession s'introduit : l'endossement.
Cette forme entraîne un certain nombre d'effets nouveaux ; mais ceux qui résultent de la nature des créances
ne sont pas modifiés ; en un mot, les règles de fond
restent les mêmes. Enfin apparaît la cession par tradition.
Ici les effets sont considérablement changés, car la forme
est empruntée à une institution qui se gouverne par des
principes absolument étrangers aux créances. Les règles
de fond résultant de la nature des créances risquent donc
fort d'être faussées.

Nous l'avons dit, le rôle du jurisconsulte est de faire
prévaloir le fond et les effets qui en dérivent sur la forme
et sur les effets qu'elle produit, tout en laissant à ces

derniers leur pleine utilité pratique. Pour remplir ce rôle délicat, il faut se bien pénétrer de l'intention du législateur, fixer le but où il a voulu atteindre, et repousser toutes les conséquences de son innovation qui ne tendraient pas à ce but.

132. Appliquons cette théorie aux titres au porteur et à notre matière spéciale du nantissement.

En créant le titre au porteur, le législateur a voulu faciliter la transmission et, par conséquent, la circulation des papiers de crédit; ce faisant, il a accompli une immense révolution dans le marché financier. Mais il n'a pas voulu soustraire les créances constatées par les titres au porteur au droit commun des créances. Donc, en principe, toutes les règles de fond auxquelles sont soumises les créances sont applicables aux créances qui ont revêtu la forme au porteur. Mais hâtons-nous d'ajouter que la forme au porteur présente un grand danger (54); elle permet, en fait (55), à ces créances

---

(54) La loi du 15 juin 1872 sur les titres au porteur a eu précisément pour objet d'obvier en partie à ce danger. Elle a imaginé un moyen pratique d'échapper à certaines cônséquences de fait de la forme au porteur. Elle a été inspirée par l'idée que nous avons exprimée au texte et qui doit guider dans cette matière le législateur aussi bien que le jurisconsulte, idée qui consiste à faire prévaloir le fond sur la forme. « Cette loi, dit M. Grivart dans son rapport à l'Assemblée, crée pour une catégorie importante de valeurs mobilières, arbitrairement confondues jusque-là avec les meubles corporels, *un régime spécial approprié à leur caractère*. Deux innovations principales se produisent : 1° les porteurs dépossédés ne sont plus obligés d'attendre, pour se faire payer, l'expiration des délais si longs de la prescription. Ils peuvent, même avant l'exigibilité du capital de leur créance, se faire délivrer un nouveau titre ; 2° la loi nouvelle organise un véritable droit de suite, en dehors des conditions si étroites de l'article 2279.

(55) Telles sont les conséquences de l'article 2279. Nous plaçons

d'échapper à toutes les règles qui, d'après le droit commun, devraient les régir ; tout pour elles se termine à la question de possession.

Prenons un exemple qui se rattache d'assez près à notre matière. Comment un créancier s'y prendra-t-il pour saisir les titres au porteur dont il présume que son débiteur est propriétaire ? Procédera-t-il par voie de saisie-exécution ? *A priori*, nous répondons négativement ; car la saisie-exécution a été organisée pour les meubles corporels ; elle est tout à fait étrangère à l'institution des créances. Aussi l'article 591 (C. Proc. civ.), en ordonnant l'apposition des scellés sur les papiers trouvés au domicile du débiteur, déclare-t-il implicitement que ces papiers doivent être respectés, et que l'huissier n'a pas le droit d'examiner s'ils contiennent des valeurs saisissables. C'est la conséquence juridique de la nature incorporelle des créances. Le créancier fera-t-il saisie-arrêt entre les mains d'un tiers dépositaire des titres ? Mais si le tiers saisi prétend qu'il est propriétaire des titres et s'arme de la présomption de l'article 2279, le créancier, dans la plupart des cas, n'aura pas de ressource ; c'est une conséquence de fait de la forme au porteur donnée aux créances.

La saisie vis-à-vis des titres au porteur étant inefficace,

---

ces conséquences dans le domaine du fait, quoique, en général, nous ne refusions pas à la possession le caractère d'un droit. Mais ici elle s'impose avec la brutalité d'un fait à une institution qui lui est tout à fait étrangère. Il nous est impossible, dans ce conflit du fond et de la forme, où la victoire reste le plus souvent à la forme, au mépris de tous les principes, de voir rien qui ressemble à des conséquences juridiques : ce sont de pures conséquences de fait.

le nantissement constitué en valeurs de ce genre prend une importance d'autant plus grande.

133. Quelles sont les formes de ce nantissement ?

Ici encore il n'y avait pas lieu, avant la loi de 1863, de distinguer le gage civil du gage commercial. Mais la loi n'ayant, pas plus que pour les titres à ordre, formulé des prescriptions spéciales pour le nantissement des valeurs au porteur, les uns pour le régler se référèrent au droit commun ; les autres crurent que la forme spéciale des titres impliquat une forme spéciale de mise en gage.

D'un côté, on faisait le raisonnement que nous avons déjà présenté à propos des titres à ordre. On se fondait sur l'article 35 (C. com.), aux termes duquel la simple tradition du titre au porteur vaut transport même à l'égard des tiers, et, par conséquent, peut suffire pour fonder le privilége, puisque, disait-on, d'après le droit commun, les formes de la cession sont semblables à celles du nantissement.

De l'autre côté, on prétendait, au contraire, qu'il n'y avait aucune raison pour soustraire le gage constitué en titres au porteur aux formes civiles. La Cour de cassation s'était prononcée en ce sens. (Cass., 19 juin 1860. — Cass., 30 novembre 1864. — Civ. Rej., 17 novembre 1865, S. 60, 1, 689-64, 1, 503-66, 1, 60.)

134. Nous croyons que cette dernière opinion était seule fondée, et nous l'appliquerons encore aujourd'hui au gage civil. Cependant nous userons ici d'une distinction. Lorsque les titres au porteur représentent des actions, il s'agit bien là de meubles incorporels qui tombent sous le coup de l'art. 2075, mais ainsi que nous l'avons

démontré plus haut, ce ne sont point de véritables créances, donc il n'y aurait point de signification à faire, et l'art. 2075 ne s'appliquera qu'en partie. Nous trouvons cette idée consacrée dans quelques décisions du tribunal de commerce de la Seine et dans un arrêt de la cour d'Alger, du 9 juin 1862 (S. 62, 2, 385). Elle reste vraie, quelle que soit la forme des titres représentatifs de l'action : que ce titre soit transmissible par déclaration de transfert, par endossement, ou par simple tradition, peu importe, la signification n'a pas d'objet. Toutes les fois, au contraire, que les titres au porteur donnés en gage constituent de simples créances, cette formalité doit être remplie lorsque le gage est civil. Nous ne pouvons à ce sujet que répéter ce que nous disions relativement aux créances à ordre, et même nos arguments sont ici infiniment plus forts. Car évidemment il n'y a rien dans la tradition qui puisse tenir lieu des formes exigées par la loi civile pour constituer le nantissement. Où est l'écrit, où est la date certaine dans un acte dont l'avantage, si hautement apprécié en pratique, est précisément de ne laisser aucune trace après lui ? Les raisons qui ont poussé certains auteurs et la Cour de cassation à décider que l'endossement peut suffire pour constituer le nantissement n'existent plus ici.

135. Lorsque le gage est commercial, l'art. 2075 n'est plus applicable. La loi de 1863 ne parle pas des créances au porteur, mais l'exposé des motifs nous en dit nettement la raison, et ne laisse aucun doute sur la pensée du législateur. Voici ce que nous y lisons : « Le gage peut être constitué en titres au porteur, tels qu'effets publics,

actions et obligations ; ces sortes de valeurs sont devenues aujourd'hui dans la pratique des affaires, l'objet le plus habituel des opérations de nantissement. *Aucune disposition spéciale n'était nécessaire pour faire cesser toutes les controverses qui se sont élevées au sujet du nantissement des valeurs ayant la forme au porteur*, puisqu'il est déclaré dans le projet, d'une manière générale, et par conséquent applicable à tous les objets mobiliers quelconques, *que le gage constitué par un commerçant s'établit*, à l'égard des tiers, conformément aux dispositions de l'art. 109. La propriété des titres au porteur est transmissible sans endossement, sans notification au débiteur s'il s'agit d'obligations, et par la seule tradition, absolument comme la propriété d'un lingot, d'un bijou, d'un meuble. Le § 1ᵉʳ du nouvel art. 91 suffit donc à leur égard et tranche toute controverse..... »

136. Les règles générales du nantissement commercial s'appliquant ici, nous n'avons qu'à nous référer à nos explications antérieures (56). Nous ne reviendrons pas non plus sur la matière des reports et des couvertures remises aux agents de change, mais il est un point sur lequel nous insisterons particulièrement à cause de son importance pratique.

137. Le caractère essentiel des titres au porteur, c'est

(56) Remarquons ici que la tradition du titre jouait déjà un rôle important dans le nantissement des créances nominatives. Dans les articles 2076, C. civil. et 92, C. comm., apparaît cette idée que la possession de la créance se réalise par la possession du titre ; mais la tradition du titre n'est présentée là que comme une formalité complémentaire destinée à assurer aux tiers de plus sérieuses garanties. Ici, au contraire, toutes les formalités se réduisent à une seule : la mise en possession du titre.

d'être transmissibles par simple tradition, sans aucune justification de propriété, et sans qu'il reste trace des anciens possesseurs. Le détenteur d'un titre au porteur est donc présumé propriétaire de ce titre. Or nous savons que le gagiste ne peut disposer de l'objet du gage, il ne peut même en tirer aucun profit sans l'imputer sur les sommes dues. La forme au porteur permettra au gagiste de s'affranchir très-facilement de cette obligation, car vis-à-vis des tiers il peut se présenter comme propriétaire, et vendre les titres engagés, sauf à en rendre de semblables au débiteur, qui viendrait à opérer le retrait de son gage. Il sera donc tout à fait indispensable que ce dernier fasse constater par un écrit le contrat intervenu ; il pourra ainsi, à l'aide de cette preuve préconstituée, faire écarter la présomption établie par l'art. 2279. Cet écrit sera ordinairement un récépissé qui devra porter les numéros de chacun des titres engagés ; car ce sont les numéros qui individualisent les titres et empêchent de les considérer comme choses fongibles.

Si le récépissé ne contenait pas l'indication des numéros, on pourrait soutenir et on a soutenu que le créancier gagiste devient propriétaire des titres, et n'est tenu qu'à rendre des titres semblables au jour du règlement du compte ; que l'indication des numéros est en définitif ce qui imprime au contrat le caractère de dépôt, puisque c'est grâce à ces numéros que les titres peuvent être considérés comme des corps certains. On a prétendu que tel était l'usage. « Cet usage, ajoutait-on, s'explique par la raison que les banquiers prêtant de l'argent à 5 p. 100, ce qui est leur prix de revient, et s'engageant par l'ac-

ceptation des titres à toucher les coupons au fur et à mesure de leur échéance, s'ils devaient immobiliser dans
leurs caisses les titres qui leur sont remis, ne retireraient
aucun profit de cette opération; qu'elle leur deviendrait
même onéreuse; ce qui serait contraire à la constitution
des maisons de banque et les transformerait en succursales du mont-de-piété. » Ce raisonnement fut accepté par
la cour de Douai (21 avril 1862) qui reconnut ainsi une
force légale aux conséquences résultant en fait de la forme
au porteur.

Un pourvoi fut dirigé par le garde des sceaux dans
l'intérêt de la loi contre l'arrêt de la cour de Douai, et la
Cour de cassation rétablit les vrais principes (22 juin
1862). La vérité est qu'ici comme en toute hypothèse,
il faut rechercher quelle a été l'intention des parties, savoir au juste quel contrat elles ont voulu faire. S'agit-il
d'un nantissement (57)? Le gagiste ne peut disposer des
titres. Mais il pourra se faire que la convention donne au
créancier le droit d'en disposer; dans ce cas, la convention intervenue sera parfaitement licite, mais ce ne sera
pas un nantissement. Ce sera un prêt de consommation ou
un dépôt irrégulier.

Il est donc très-important pour chacune des parties de
préciser sa situation; pour le créancier, car il peut être
accusé d'abus de confiance; pour le débiteur, car il est

(57) Un point intéressant mis en lumière par l'arrêt de la Cour de
cassation est celui-ci : c'est que la situation des parties n'est nullement
modifiée par l'ouverture d'un compte-courant. Ce compte-courant
peut, en effet, être considéré comme un contrat d'exécution du prêt
sur gage ; destiné à constater les avances successives faites aux clients,
il n'est point un obstacle à ce que la remise des titres conserve son caractère de nantissement. (*Affaire Mirès*, S. 62, 1, 525.)

exposé à subir l'insolvabilité du créancier qui prétendrait qu'il doit seulement des titres *in genere*. Dans le récépissé qui constate leur convention, les parties devront indiquer avec la plus grande précision ce qu'elles ont voulu faire ; cet écrit sera la mesure des responsabilités du créancier et des droits du débiteur.

138. Si le créancier gagiste dispose des titres, il commet un abus de confiance justiciable des tribunaux correctionnels (art. 408, C. pén.). Mais une question s'élève ici que nous ne voulons pas passer sous silence, c'est la question de savoir, si, quand le gagiste a vendu à un tiers de bonne foi les titres engagés, le débiteur qui les a donnés en gage peut intenter contre l'acquéreur l'action en revendication. En fait de meubles, possession vaut titre, dit l'art. 2279. 1° ; mais il fait aussitôt une exception pour les choses volées. Les choses détournées par abus de confiance peuvent-elles être considérées comme choses volées ? Quelques auteurs l'ont pensé. Mais la négative prévaut. La seconde proposition de l'art. 2279 est une exception au principe général posé dans la première, et par conséquent, ne comporte pas d'interprétation extensive. Or le mot vol dans son sens strict ne comprend pas l'abus de confiance ; car dans l'abus de confiance il n'y a point cette *contrectatio fraudulosa* qui constitue l'essence du vol.

Le débiteur qui aura été victime d'un abus de confiance, n'aura de recours contre l'acquéreur que si ce dernier est de mauvaise foi : dans ce cas l'art. 2279 ne s'applique point, et l'action en revendication est incontestablement admissible.

139. Telles étaient les solutions que commandaient les textes avant la loi du 15 juin 1872 sur les titres au porteur, telles doivent-elles être encore aux termes de l'art. 14 de cette loi, lorsque les négociations ou transmissions frauduleuses ont eu lieu avant l'accomplissement des formalités, qui dorénavant doivent assurer aux propriétaires de titres une pleine sécurité.

Quelles sont ces formalités, et quelle peut en être l'utilité dans notre matière?

La loi de 1872 organise deux espèces d'opposition : La première notifiée à l'établissement débiteur du titre (art. 2); c'est une opposition au payement, tant du capital que des intérêts ou dividendes échus ou à échoir. Cette opposition n'a pas d'importance pour nous, puisque le gagiste a le droit de percevoir les intérêts et les dividendes.

La deuxième notifiée au syndicat des agents de change de Paris avec réquisition de faire publier les numéros des titres. « Cette publication, dit l'art. 11, sera faite dans le délai d'un jour franc au plus tard, par les soins et sous la responsabilité du syndicat des agents de change de Paris, dans un bulletin quotidien, établi et publié dans les formes et sous les conditions déterminées par un règlement d'administration publique. » L'art. 12 détermine les effets de cette opposition. « Toute négociation ou transmission postérieure au jour où le bulletin est parvenu ou aurait pu parvenir par la voie de la poste dans le lieu où elle a été faite sera sans effet vis-à-vis de l'opposant. »

Le débiteur qui engage des titres au porteur trouvera

dans ces dispositions un moyen très-simple de se garantir contre un abus de confiance éventuel ; aussitôt le contrat de nantissement passé, il n'aura qu'à notifier au syndicat des agents de change une opposition contenant les numéros des titres engagés qui seront publiés dans le bulletin quotidien. Le gagiste ne pourrait évidemment prétendre que cette opposition est faite irrégulièrement et sans droit ; car en définitive le débiteur ne fait qu'assurer son droit de propriété par une affirmation authentique ; il le met sous la sauvegarde du grand principe de la publicité. Le bulletin quotidien nous paraît remplir en ce cas un rôle tout à fait comparable à celui du registre des transcriptions.

Cet emploi de l'opposition en matière de nantissement n'a pas été prévu par la loi ; nous ignorons si en pratique on en a eu l'idée ; mais il nous paraît tout à fait conforme aux intentions du législateur de 1872, et résulter invinciblement des art. 11, 12 et 14 combinés de la nouvelle loi (58, 59).

(58) Lorsque le jour de la réalisation du gage sera arrivé, le gagiste fera tomber sans difficulté l'opposition ; car, si, aux termes de l'art. 12, le tiers porteur contre lequel on invoque une opposition qu'il a dû connaître peut toujours en contester le mérite, à plus forte raison faut-il accorder cette faculté à celui qui a traité avec le propriétaire du titre et justifie en alléguant son contrat d'un droit sur ce titre. Dans le cas où le juge interviendra, il prononcera la mainlevée de l'opposition ; lorsqu'au contraire, il ne doit pas intervenir, il sera facile au débiteur de donner au gagiste en contractant une mainlevée dont l'efficacité sera subordonnée à la condition du non payement à l'échéance.

(59) Le système que nous proposons ne pourrait être suivi quand le gage est constitué en rentes au porteur. La publication des numéros de ces titres dans le bulletin quotidien est rendue impraticable par la législation spéciale qui les régit. Ils ne sont pas passibles d'opposition. C'est grâce à ce privilége que l'État a pu décentraliser ses payements,

SECTION III

DU GAGE DE CRÉANCES CONSTITUÉ AU PROFIT D'ÉTABLISSEMENTS PRIVILÉGIÉS.

140. Jusqu'à présent nous avons considéré le cas où le créancier gagiste est un simple particulier ou un établissement de crédit contractant dans les termes du droit commun. Mais en notre matière le législateur a placé certains établissements de crédit dans une situation privilégiée. Ces établissements sont la Banque de France, les Comptoirs d'escompte et les sous-comptoirs de garantie, le Crédit foncier.

Nous indiquerons brièvement quelles exceptions au droit commun ont été faites en leur faveur.

Remarquons d'abord que ces établissements, dans la question qui nous occupe comme en bien d'autres, ont joué un rôle d'initiateurs. Par les facilités qu'ils offraient aux emprunteurs, ils ont vulgarisé le contrat de nantissement, et amené le législateur à généraliser les formes simples qui permettront à ce contrat de prendre toute l'importance pratique qui dans nos mœurs financières lui est réservée.

et donner aux porteurs des rentes la facilité de se faire payer au lieu qu'il leur convient de choisir. Le législateur n'a pas voulu toucher à cet état de choses. (V. l'art. 16 de la loi, et le rapport de M. Grivart.)

141. Commençons notre rapide étude par la Banque de France qui de ces établissements est le premier par la date de sa création et par son crédit.

Primitivement, aux termes d'un décret du 16 janvier 1808, art. 16, la Banque de France n'était autorisée à faire des avances sur effets publics que lorsque ces effets lui étaient remis en recouvrement, et lorsque leurs échéances étaient déterminées (60). La loi du 17 mai 1834 étendit cette faculté à tous les effets publics français, sans condition d'échéance fixe. Des lois et décrets plus récents ont assimilé sous ce rapport aux effets publics les actions et obligations de chemins de fer français (déc. 3 mars 1852), les obligations de la ville de Paris (déc. 28 mars 1852), et les obligations du Crédit foncier (L. 9 juin 1857, art. 7. — Déc. 20 juillet 1859, art. 9).

La matière du nantissement spécial dont nous nous occupons ici est donc limitée. Les titres qui ne sont pas désignés dans les lois que nous venons de citer ne pourraient être engagés à la Banque.

142. Quelles sont les particularités du contrat intervenant entre la Banque et ses débiteurs? Elles sont indiquées dans l'ordonnance royale (15 juin 1834) qui règle le mode d'exécution de l'art. 3 de la loi du 17 mai 1834.

Les formalités de l'art. 2075, C. civil, ne sont en aucun cas remplies, qu'il s'agisse d'un gage civil ou d'un gage commercial. La crainte de l'antidate, qui peut ex-

___

(60) C'est précisément afin d'utiliser pour le service public cette disposition que la loi des finances du 6 juillet 1826 autorisa le ministre des finances à créer, pour le service de la trésorerie et les négociations avec la Banque, des bons royaux portant intérêt et payables à échéances fixes.

pliquer la nécessité de l'enregistrement en matière civile, ne peut exister vis-à-vis d'un établissement comme la Banque, placée sous la surveillance du gouvernement, et dirigée par des hommes de son choix.

Le débiteur souscrit l'engagement de rembourser dans le délai de deux mois (61) la somme qui lui aura été fournie (art. 3 de l'ord.). Les effets donnés en gage sont immédiatement transférés à la Banque (art. 2 *in fine*).

Aux termes de l'art 2, l'avance ne peut excéder les 4/5 de la valeur des effets présentés (62), d'après leur cours au comptant, la veille du jour où l'avance sera faite.

Le débiteur s'engage en même temps à couvrir la Banque du montant de la baisse qui pourrait survenir dans le cours des effets par lui transférés, toutes les fois que cette baisse atteindra 10 p. 100 (art. 4).

Deux obligations incombent donc au débiteur. Elles ont leur sanction dans un double droit d'exécution donné à la Banque : 1° à défaut de couverture, trois jours après une simple mise en demeure par acte extra-judiciaire ; 2° à défaut de remboursement, dès le lendemain de l'échéance, sans qu'il soit besoin de mise en demeure, ni d'aucune autre formalité (63), la Banque pourra faire vendre à la

(61) L'art. 3 fixe le délai maximum à trois mois ; mais la Banque ne prête jamais que pour deux mois, seulement l'emprunt peut être renouvelé, et le plus souvent un renouvellement tacite résulte du non-payement à l'échéance des deux mois.

(62) En pratique, la Banque se tient en deçà de cette limite ; elle prête jusqu'à concurrence des deux tiers de la valeur des titres.

(63) La Banque n'use jamais de ce droit rigoureux ; en cas de retard dans le remboursement, si le prêt n'était pas considéré comme tacitement renouvelé, elle adresserait au débiteur un avis de se présenter

Bourse, par le ministère d'un agent de change, tout ou partie des valeurs qui lui auront été transférées.

Tels sont les formes et les effets du contrat de nantissement passé avec la Banque. On voit qu'ils se distinguent du droit commun d'une façon assez tranchée, même depuis les innovations libérales de la loi de 1863.

143. Après la Banque, notre attention se porte naturellement sur des institutions de crédit qui s'y rattachent de bien près ; nous voulons parler des comptoirs d'escompte et des sous-comptoirs de garantie.

Les comptoirs d'escompte ont été créés en 1848 pour aider le petit commerce à traverser la crise du moment (64). Leurs opérations, aux termes de l'art. 5 du décret du 8 mars 1848, ne devaient consister primitivement que dans l'escompte des effets de commerce. Mais dès le 24 mars, le décret qui autorise l'établissement de sous-comptoirs (65) de garantie à côté des comptoirs

au bureau des avances. Mais si après plusieurs avis officieux la Banque exécute enfin son débiteur, ce dernier pourrait-il la rendre responsable de la dépréciation des valeurs engagées, survenue depuis l'échéance jusqu'au jour de la vente ? La cour de Paris a répondu négativement (1854, S. 54, 2, 545) en se fondant sur ce motif à notre sens très-équitable, que le retard apporté à la réalisation de ces valeurs n'avait eu lieu que dans l'intérêt du débiteur, et pour lui permettre de se libérer.

(64) Celui de Paris avait d'abord été appelé, « dotation du petit commerce. » (Art. 2 du décret du 4 mars 1848.)

(65) La Banque de France n'escomptant que les effets portant trois signatures, l'institution des Comptoirs d'escompte fut indispensable pour venir en aide aux commerçants qui ne pouvaient trouver ces trois signatures. De même, les Comptoirs d'escompte n'escomptant que les effets à deux signatures, les sous-comptoirs durent être créés pour venir en aide à ceux qui faute d'une seconde signature ne pouvaient participer aux escomptes du comptoir principal. Les sous-comptoirs agissent en dehors du comptoir principal au point de vue des risques ;

d'escompte place le nantissement parmi les opérations normales de ces sous-comptoirs (art. 4), et c'est ici que nous voyons apparaître, dans l'art. 9 de ce décret, une dérogation au droit commun, tel du moins qu'il résulte des dispositions du Code civil. L'art. 9 autorise les sous-comptoirs, huitaine après une simple mise en demeure, sans qu'il soit besoin d'aucune autorisation de justice, à faire procéder à la vente publique des valeurs données en nantissement par les officiers ministériels compétents. Le décret du 23 août 1848, relatif aux prêts sur dépôts de marchandises, étend par son art. 2, 2° les dispositions de l'art. 9 aux comptoirs d'escompte. Enfin la loi du 10 juin 1853, en autorisant l'existence permanente des comptoirs et des sous-comptoirs d'escompte (66), maintient en leur faveur les priviléges dont ils avaient été investis par les décrets précités (67). Remarquons que ces décrets

---

leur capital est indépendant de celui du comptoir principal, mais il est déposé dans la caisse de ce dernier en garantie de leurs opérations. Ces opérations n'ont qu'un but : Procurer aux commerçants, soit par engagement direct, soit par aval, soit par endossement, l'escompte de leurs titres et effets de commerce auprès du comptoir principal. (Art. 4, décret, 24 mars 1848.)

(66) Tous ces comptoirs actuellement existants sont sous l'empire de cette loi de 1853, qui n'admet plus la commandite ni la garantie, soit de l'État, soit des départements, soit des villes. Tous ceux qui avaient été créés sous le régime du décret du 7 mars 1848 ont été liquidés.

(67) En lisant les travaux préparatoires de cette loi de 1853, il est curieux et instructif de constater le vœu timide qu'exprimait alors le rapporteur, M. Riché. « D'autres pourront examiner, disait-il, si on ne pourrait pas étendre au moins les facilités dont il s'agit (réduction du droit d'enregistrement pour les actes de nantissement — dérogation à l'art. 2078) à toutes les sociétés anonymes de crédit. Dans tous les cas, le législateur pourrait examiner si les formalités qui précèdent la vente du gage dans les cas ordinaires ne devraient pas être simplifiées. » La loi de 1863 sur le gage était là en germe. C'est un point de comparaison intéressant, qui nous permet de suivre la marche d'une idée, et le

avaient uniquement dérogé à l'art. 2078, et non à l'art. 2075 du Code civil. Donc les comptoirs et les sous-comptoirs devaient observer les formalités prescrites par cet article. Le droit d'enregistrement était pour eux, il est vrai, réduit à un droit fixe très-minime. Tel était l'état de cette législation spéciale avant la loi de 1863. Cette loi, abrogeant d'une façon générale en matière commerciale les art. 2075 et 2078, les comptoirs et les sous-comptoirs se trouvent déliés de l'observation de l'art. 2075, lorsqu'il s'agit d'un gage commercial. Si au contraire il s'agit d'un gage civil, la loi de 1863 n'étant pas applicable, ils gardent la situation relativement privilégiée qui leur est faite par les décrets précités. Ajoutons du reste que l'hypothèse d'un gage civil pour des établissements de ce genre se présentera bien rarement.

144. Arrivons enfin au Crédit foncier.

Le décret du 28 mars 1852, qui a fondé la Banque foncière de Paris, l'autorise d'abord (art. 3, 4°) à recevoir en dépôt, sans intérêt, les sommes destinées à être placées sur hypothèque et converties en obligations foncières. Mais c'était là une opération trop restreinte. L'art. 2 du décret du 28 juin 1856, qui approuve des modifications aux statuts du Crédit foncier, autorise la Société à recevoir, avec ou sans intérêts, des capitaux en dépôt. Cette faculté était précieuse, surtout dans un moment où la Banque de France ne prêtait pas encore sur les obligations foncières. Le Crédit foncier, en payant

développement successif d'une innovation législative sous l'impulsion des nécessités pratiques.

un intérêt aux dépôts, pouvait s'assurer le concours des capitalistes. L'art. 2 précité nous dit dans quel but. « Les capitaux déposés pourront être employés, jusqu'à concurrence du cinquième de leur montant, à faire, suivant des conditions délibérées en conseil d'administration et pour un terme qui n'excédera pas quatre-vingt-dix jours, des avances *sur les obligations émises par la Société*..... Les sommes que la Société pourra ainsi recevoir en dépôt ne pourront dépasser le chiffre déterminé par le ministre. »

Telle est l'origine de ce qu'on appelle *la Caisse de service* : cette caisse fait deux sortes d'opérations :

1° Elle reçoit les capitaux en dépôt ;

2° Elle fait des avances sur obligations ou autres valeurs déterminées.

Aux termes du décret de 1856, elle ne pouvait faire ces avances que sur les obligations foncières ; en 1859, un décret modifiant les statuts de 1856 l'autorisa à accepter pour garantie de ses avances toutes les autres valeurs qui seraient reçues à ce titre par la Banque de France. Enfin en 1869 nouvelle modification (décret du 7 août, art. 2) : Les garanties des avances pourront être soit les obligations émises par le Crédit foncier, soit tous autres titres admis par la Banque de France, comme garanties d'avances, soit des bons du Trésor, soit des valeurs de portefeuille escomptables à échéance de 90 jours au plus.

A un autre point de vue encore, il y avait eu innovation. En 1856, le Crédit foncier ne pouvait consacrer aux avances que le cinquième des dépôts ; en 1859, que

la moitié ; en 1869 il est autorisé à employer à cet usage
les trois quarts des sommes déposées (art. 2 des statuts
modifiés) ; le surplus est versé au Trésor.

Le décret de 1869 fixe aussi la somme que ne pourront dépasser les dépôts, à 80 millions.

145. Quant à la forme et aux effets du nantissement
qui intervient entre le Crédit foncier et ses emprunteurs,
nous n'y trouvons rien de particulier à signaler (68).
Une loi du 19 juin 1857 avait dispensé le Crédit foncier
de l'observation des art. 2074, 2075 et 2078 du C. civ.,
et étendu à ses opérations le bénéfice des art. 3 et 5 de
l'ordonnance de 1834, relative aux avances faites par
la Banque. Nous remarquerons que cette loi, antérieure
aux modifications apportées aux statuts en 1859, ne
s'applique pas aux avances que peut faire la Société sur
dépôt de valeurs autres que les siennes. La loi de 1863
sur le gage diminue singulièrement l'importance de cette
observation ; il en faudrait toutefois conclure, à la rigueur, que le nantissement, lorsqu'il sera civil, devra

---

(68) Voici quelques renseignements intéressants émanés de l'administration du Crédit foncier en 1870, et que nous empruntons à l'ouvrage de M. Josseau. (*Le Crédit foncier de France.*)

« Les prêts sont consentis pour 90 jours, sauf renouvellement. La
quotité des sommes prêtées est actuellement fixée :

A 80 p. 100 de la valeur des titres pour les obligations foncières et
communales.

A 70 p. 100 pour les obligations de la Société algérienne, la rente,
les bons du Trésor et les obligations trentenaires.

La valeur des titres est calculée sur le pair pour les obligations foncières 5, 4 et 3 p. 100 ; les obligations communales 5 et 4 1/2 p. 100,
et les obligations de la Société algérienne. Pour les autres titres la valeur est calculée d'après le cours de la Bourse.

Les prêts sont consentis, soit sous forme d'actes d'avances, soit sous
formes d'ouvertures de crédit.

être constitué dans les formes prescrites par les articles 2074, 2075 et suivants; mais nous reculons devant cette conséquence fâcheuse, et nous pensons que la loi du 19 juin 1857 ne doit pas être entendue restrictivement.

TABLE DES MATIÈRES

DROIT ROMAIN

DE PIGNORE NOMINIS

DROIT FRANÇAIS

DU GAGE DES CRÉANCES EN DROIT CIVIL ET EN DROIT COMMERCIAL

POSITIONS

DROIT ROMAIN

I. L'action donnée au créancier ayant *pignus nominis* est une action hypothécaire personnelle (16-26).

II. La *res debita* est engagée en même temps que le *nomen* (41-44).

III. Le créancier ayant *pignus nominis* est soumis à l'exception de discusssion (64.5°).

IV. Dans la *distractio pignoris*, le créancier cède à l'acheteur *jus suum*, c'est-à-dire son action hypothécaire, et son action *pigneratitia contraria* (69-71).

V. L'acheteur évincé obtient en règle générale le *quanti interest* par l'action *pigneratitia contraria*, et non par l'action *utilis ex empto*. La décision de la loi 24 pr. (*de pig. act. D.*) est particulière au cas de l'*impetratio diminii* (71 et note 35).

VI. Le *pignus pignoris* implique *pignus nominis* (81-83).

DROIT CIVIL FRANÇAIS

I. On ne peut engager les aliments dus en vertu d'un acte de libéralité (32).

II. La créance du locataire peut être donnée en nantissement (35-37).

III. La subrogation à l'hypothèque légale de la femme ne peut être considérée en thèse générale comme un nantissement (54 et note 36).

IV. Le gage tacite qui résulte de l'art. 2082. 2°, n'est pas opposable aux tiers (86).

V. Il n'y a pas lieu dans le nantissement civil constitué en actions de faire la signification prescrite par l'art. 2075 (C. N.), (39-42), (94), (134).

VI. La connaissance que le débiteur a acquise indirectement de la mise en gage de la créance équivaut à signification, lorsque le titulaire de la créance engagée est *in bonis* (58).

DROIT COMMERCIAL

I. La signification du nantissement est valable, quoique faite dans les dix jours avant la cessation des payements, ou dans l'intervalle de temps qui sépare la cessation des payements de la déclaration de faillite (63-65).

II. La remise des valeurs à un agent de change à titre de couverture constitue un nantissement (106-114).

III. Le report tel qu'il est pratiqué en Bourse n'est pas un prêt sur nantissement (115-116).

DROIT PÉNAL

I. L'étranger condamné par les tribunaux de sa nation, à raison d'un crime commis en France contre un Français, peut, malgré cette condamnation, être poursuivi de nouveau en France pour le même fait.

II. L'accusé, renvoyé devant la cour d'assises par un arrêt de la chambre d'accusation non attaqué est encore recevable à exciper devant la cour d'assises de l'incompétence de cette juridiction en se fondant sur ce qu'il est étranger, et que le crime a été commis par un étranger sur un étranger.

DROIT DES GENS

I. Les soldats d'une armée ennemie, en s'emparant comme d'une *præda bellica*, sans réquisition de leurs chefs, des denrées alimentaires qu'ils trouvent dans le pays envahi, commettent un pillage réprouvé par le droit des gens. Un Français qui dans la dernière guerre se serait rendu complice d'un pillage de ce genre serait donc punissable.

II. La vente des futaies réservées dans les forêts domaniales de l'État envahi n'est pas permise à l'envahisseur d'après les règles du Droit international. Ce dernier peut seulement s'approprier les coupes annuelles et les vendre ; mais, la conquête temporaire ne suspendant pas l'empire des lois du pays occupé, un Français n'aurait pas pu dans la dernière guerre se rendre acquéreur de ces coupes sans les adjudications et délivrances régulières qui d'après le Code forestier doivent émaner d'agents français.

Vu par le président de la thèse :
J.-E. LABBÉ.

Vu par le doyen de la Faculté :
G. COLMET-D'AAGE.

Vu par le vice-recteur de l'Académie de Paris :
A. MOURIER.

PARIS. — IMP. VICTOR GOUPY, RUE GARANCIÈRE, 5

www.ingramcontent.com/pod-product-compliance
Ingram Content Group UK Ltd.
Pitfield, Milton Keynes, MK11 3LW, UK
UKHW021919070726
13614UKWH00001B/121